KB090503

음양오행으로 읽는 세계

음양오행으로 읽는 세계

초판 1쇄 인쇄 2022년 12월 22일
초판 1쇄 발행 2022년 12월 30일
지은이 임정기
펴낸이 김양수
책임편집 이정은
편집디자인 안은숙
교정 채정화

펴낸곳 도서출판 맑은샘
출판등록 제2012-000035
주소 경기도 고양시 일산서구 중앙로 1456(주엽동) 서현프라자 604호
전화 031) 906-5006
팩스 031) 906-5079
홈페이지 www.booksam.kr
블로그 http://blog.naver.com/okbook1234
포스트 http://naver.me/GOjsbqes
이메일 okbook1234@naver.com

ISBN 979-11-5778-581-0 (03180)

陰陽五行

음양오행으로
읽는 세계

임정기

맑은샘

『음양오행으로 읽는 세계』를 펴내게 된 것은, 지금까지의 음양과 오행에 관한 연구를 정리하는 의미도 있고, 또한 보다 정확한 음양과 오행에 관한 정보를 많은 사람들과 공유하고자 하는 의미도 있다. 책 제목을 『음양오행으로 읽는 세계』로 정한 것은, 음양과 오행의 개념을 중심으로 한 '해석'에 초점을 맞추어 세계를 이해해 보기위한 것이다. 이 책의 관점에 대해서, 또한 이 책의 내용이 중국사상에서 어떠한 역할을 할 수 있을지에 대해서, 다음에 개인적인 생각을 언급해 보도록 하겠다.

1. '해석'에 초점을 맞춘 이해

인간은 무엇을 어떻게 얼마나 알 수 있을까. 천과 같이 접근하여 파악하기 어려운 경우는, 부여되는 정보와 그와 관련한 경험을 통해서 해석할 수밖에 없다. 과거의 천문학이 별자리의 관찰에 근거하고 있는 것이 그 예가 된다. 그렇기 때문에 부여되는 정보가 변하면 그 해석도 바뀔 수밖에 없다.

부여되는 정보를 받아들여 해석하는 인간의 속성에도 주목할 필요가 있다. 인간은 주어진 속성에 의해서 부여된 정보를 해석한다. 인간을 해석하고 사회를 해석하고 세계를 해석한다. 이러한 해석 없이는 살아갈 수가 없다. 물론 이러한 해석은 인간의 속성에 한정된 해석이 된다. 인간 속성의 특징 중의 하나인 '믿음'이라는 성격에 초점을 맞추어 보면, 인간은 해석을 할 뿐만 아니라 그 해석을 믿게 된다. 해석은 정보가 불충분해도 해석할 수 있다. 천에 대한 정보가 불충분해도 천을 해석하고 그 해석을 믿어 온 것을 우리는 역사 속에서 볼 수 있다. 그런데 문제는 정보의 정도와 관계없이 하나의 해석을 믿게 되면, 그 해석은 단순한 해석의 차원을 벗어나 믿음의 대상이 되고 진실이 된다. 그래서 그 해석이 바뀔 때까지 그 해석을 믿고 삶의 방법 등을 결정하게 된다.

언젠가는 정보의 변화에 따라 해석이 바뀌게 된다 하더라도, 한번 믿게 된 해석은 쉽게 바뀌지 않는다. 그래서 해석 속의 존재를 실제 존재로 착각하며 살아가기도 한다. 음양이나 오행 개념도 또한 그러하다. 음양이나 오행 개념이 만들어진 것도 경험에 의한 한정된 정보에 의해서이다. 그리고 별자리의 관찰을 통해서 천상세계를 해석하고 음양오행의 세계도 만들었다. 이렇게 해서 음양이나 오행 개념은 더욱 강한 믿음을 얻게 되었다. 그 강한 믿음이 설령 문제가 된다 하더라도, 음양이나 오행은 경험에 의한 개념이기 때문에 전부를 부정할 정도의 성질은 아니라고 할 수 있다. 문제는 이 음양이나 오행 개념이 강한 믿음을 얻고 있는 가운데 정확한 이해를 위해서는 어떻게 해야 하는가이다. 이 문제는 음양과 오행 개념의 해석, 또 음양과 오행 개념에 의한 세계의 해석이라고 하는 '해석'에 초점을 맞추어 검토함으로써 음양과 오행에 대한 믿음의 관점이 아니라, 인간의 삶의 주변에 대한 하나의 해석으로 이해함으로써 해결할 수 있지 않을까 한다. 이러한 작업을 통해서 음양과 오행에 대한 보다 정확한 정보를 얻을 수가 있고, 또 다른 정보와 함께 새로운 해석도 가능하리라 생각한다. 또한 이러한 작업은 당연히 중국사상을 이해하는 데도 도움을 줄 것이라 생각한다.

2. 음양과 오행에 대한 해석을 어떻게 이해할 것인가

현재 음양이나 오행이라는 개념을 가장 많이 논하고 있는 분야는 명리학(命理學)이라는 분야다. 명리학에서는 음양과 오행을 통해서 인간이나 인간의 삶을 설명하고 있다. 그리고 이 명리학에서 언급하고 있는 음양이나 오행 개념을 보면, 중국의 한대(漢代)까지 성립되고 그 이후 청대까지 해석되어 온 음양이나 오행 개념을 사용하고 있다. 그런데 이 음양이나 오행 개념에 대한 이해와 사용은 사실은 상당한 문제점을 안고 있다. 다음에 그 몇 가지를 열거해 보겠다.

첫째, 음양의 개념의 이해에 대한 문제점이다. 음양으로 세계를 설명하는 것은 어디까지나 하나의 해석이다. 그렇기 때문에 이 해석을 그대로 다 믿게 되면 문제가 발생하게 된다. 해석은 인간적 측면에서 주어진 정보를 통해 설명하는 것이기 때문에 어떠한 사실을 완전하게 밝혀낼 수는 없다. 그런데 이러한 해석을 믿어버리면 그 해석은 완벽한 이론으로 변모한다. 그렇기 때문에 모든 것을 그 해석으로부터 설명하고자 하게 된다. 물론 하나의 설명 방법이라고 볼 수는 있지만, 그러한 설명 방법은 처음부터 잘못된 정보를 제공할 가능성을 다분히 가지고 있는 것이다. 그런데 사실 지금의 명리학 분야에서 이해하고 있는 음양은, 이러한 해석에 대한 철저한 검증도 없이, 당연히 세계를 구성하는 근본 요소라고 믿고 있다. 그래서 지금까지의 명리학 서적에 있는 음양의 이해를 통해서 세계와 인간을 설명하고 있고, 그러한 설명 방법에 무한한 신뢰를 보이고 있다.

예를 들면, 음양의 해석을 더듬어 가면 음양의 세계의 형성에 도달하게 된다. 연월(年月)이란 시간을 해석하면서 음양의 세계를 형성하고 있다. 이러한 음양의 세계의 형성은 경험적인 사실을 근거로 한 해석이다. 그런데 지금까지는 이 음양의 세계 형성에 대한 해석이 밝혀지지도 않았고, 그래서 이 음양의 세계 형성에 대한 해석을 빠뜨리고 음양을 이해하고 있다. 그러한 이유로 인해 음양의 해석에 범주 오류가 있어도 그러한 해석을 막연하게 믿고 이해하는 것이 현실정이다. 또한 음양의 세계 형성에 대한 이해가 없기 때문에, 음양을 통한 인간의 해석을 통계학으로 설명하기도 하는 것이다. 이러한 것은 해석이라는 측면에서의 음양과 그 세계의 형성을 이해하지 못하고, 책에 실려 있는 음양의 의미를 막연하게 믿음으로 인한 해석상의 문제점이 된다.

둘째, 오행의 원리에 대한 이해의 부족함을 들 수 있다. 오행의 원리에 상생과 상극이 있음은 주지의 사실이다. 그런데 이 오행상생과 오행상극의 원리도 당연히 해석을 통해서 성립되고 있다. 그리고 그 해석도 당연히 각각 다른 해석 과정을 거치고 있다. 이러한 해석의 과정에 대한 연구는 현재 불충분한 상태이다. 그렇기 때문에 이 오행의 상생과 상극의 원리를 해석의 차원에서 이해하는 것이 아니라 당연한 원리로 믿고 있다. 당연한 원리로 믿는다는 것은, 상생과

음양오행으로 읽는 세계

상극 원리의 성립에 대한 관심을 떨어뜨리고, 어느 원리가 먼저 성립되었는지에 대한 관심도 떨어뜨리고, 음양과 오행의 관계에 대해서도 관심을 떨어뜨린다. 그 결과로, 해석 과정이 무시된 오행의 설명도 등장할 수 있고, 오행의 원리가 성립할 때와는 다른 방향으로 이해될 수도 있다. 따라서 오행 원리의 성립 과정에 대한 정확한 이해가 필요하고, 그 해석의 변화 과정에 대해서도 이해가 필요하고, 음양과의 관계에 대해서도 정확한 이해가 필요하다. 이러한 오행의 원리에 대한 해석의 전체적인 이해를 통해서, 오행의 원리에 대한 해석의 오류도 찾을 수 있고, 막연한 오행의 원리에 대한 믿음에서 벗어날 수 있다.

셋째, 앞서 언급한 음양의 개념의 이해에 대한 문제점이나 오행의 원리에 대한 이해의 부족함이 있음에도 불구하고, 이러한 문제점을 지적하고 연구하려는 노력이 없는 것이 사실은 더 큰 문제라고 할 수 있다. 예를 들면『자평진전』의 해석에서도 앞서의 문제점들을 볼 수 있다. 그런데『자평진전』의 해석을 아무런 검증 없이 그냥 믿는 경우가 대부분이다. 이렇게『자평진전』의 해석을 믿게 되면 어떻게든지 그 해석을 이해하려고 노력한다. 그 결과로『자평진전』의 해석을 자의적으로 해석하게도 된다. 물론『자평진전』의 해석을 하나의 해석으로 볼 수도 있다. 그렇지만 음양의 세계를 해석한 것은 단지 음양의 개념만으로 미루어 해석한 것이 아니다. 말하자면 음양의 세계는 관념의 세계가 아니라 경험적인 정보를 근거로 해석한 세계이다. 그렇기 때문에 『자평진전』의 해석을 믿고 자의적으로 해석하게 되면, 그것은 경험적인 음양의 세계를 벗어나 음양의 개념만의 세계를 만들게 되는 것이다. 이러한 문제점에서 벗어나기 위해서는, 항상 경험적인 정보에 의한 해석이라는 사실을 염두에 두고 음양과 오행을 이해할 필요가 있다.

3. 중국사상에서 음양과 오행에 관한 연구의 필요성

『춘추번로』의 천인상관사상(天人相關思想)에 대해서 이전의 천의 해석에 비해 사상적으로 후퇴했다고 하는 주장이 있다.[1] 물론 이러한 주장은 잘못된 주장이다. 그런데 이러한 주장을 하고 있는 것은, 한대(漢代) 사상의 특색에 대한 이해가 부족하기 때문이라고 생각한다. 한대 사상의 특색은 음양과 오행에 의한 천이나 세계의 해석이다. 말하자면 철학적으로 천을 해석하게 된 것이다. 이 음양과 오행에 의한 천이나 세계의 해석은 그 이후의 사상에도 많은 영향을 끼치게 된다. 『태극도설』도 그 영향에 의해 성립된 사상 중의 하나다. 그렇기 때문에 음양과 오행 개념의 성립, 음양의 세계의 성립, 음양

---

1 일반적으로 천인상관사상에 대해 비판적으로 논하고 있는데, 森三樹三郎는 『上古より漢代に至る性命觀の展開』(創文社, 1971年) 204쪽에서, '(천인상관사상은) 天을 非人格的인 존재로 보는 孔孟의 合理主義的인 입장에서 보면, 일 보 후퇴하고, 혹은 역행하는 것이라고 할 수 있겠다.'라고 하고 있다.

음양오행으로 읽는 세계

과 오행의 관계 등에 대한 연구는 반드시 필요하다. 이러한 연구를 통해서 한대의 사상을 제대로 이해할 수 있고, 중국사상의 특색도 보다 정확하게 이해할 수 있다.

그런데 한 가지 생각해야 할 것은, 하나의 해석을 가진다는 것은 그 해석으로 모든 것을 설명해야 함을 의미한다. 해석이란 주어진 한정된 정보를 통하여 행해지기 때문에 모든 것을 완벽하게는 설명하지 못할 가능성을 항상 품고 있다. 해석에 의한 사상의 흐름을 연구할 때는 이러한 점에도 항상 유의해야만 한다. 한 가지 사실만 가지고, 혹은 지금의 관점에 서서, 과거의 사상을 가볍게 판단하는 우(愚)를 범해서는 안 된다.

현재 사상의 측면에서 음양과 오행에 대한 연구도 있지만, 대부분 음양이나 오행의 단어에 초점을 맞추고 있을 뿐이다. 음양의 세계의 성립, 음양과 오행의 관계 등에 대한 연구는 거의 없다. 이러한 연구의 부족은 한대의 사상을 이해하지 못하게 할 뿐만 아니라, 명리학 분야에서 오류를 범하고 자의적인 해석을 조장하기도 한다. 한대 사상을 연구하는 사람으로서 이러한 문제점의 해결에 조금이나마 도움이 되었으면 하는 마음에, 지금까지의 음양과 오행에 관한 연구를 수정·정리하고, 부족한 부분은 새로 보충하여 이 책을 내게 되었다. 마지막으로 덧붙인다면 이 책이 중국 사상계의 부족한 부분을 채울 수 있고, 또한 음양과 오행의 이해에 도움이 되기를 바랄 뿐이다.

목
차

책을 펴내며

1장 · 천상의 별의 세계 : 지상세계의 근원

1절 천상세계에 대한 관심   17

2절 천상세계의 움직임과 해석   22

  1. 하루, 한 달, 계절의 순환(1년)   25

  2. 세성(歲星)과 십이차(十二次)   28

  3. 열두 달의 해석   32

3절 천의 원리   40

  1. 세성과 태음(太陰) : 음양 원리의 성립   40

  2. 열두 달, 계절[四時]과 관련된 원리의 성립   48

    1) 열두 달과 관련된 원리의 성립   48

    2) 계절과 관련된 원리의 성립   57

  3. 원리로서의 천상세계   61

    1) 공간의 원리   61

    2) 원리의 정점으로서의 북극성   68

2장 · 음양의 세계

1절 음양의 의미와 그 변천   75

2절 음양의 세계 확립   80

  1. 음양으로 구성되는 세계로의 해석   80

  2. 음양의 세계의 구조와 분화 과정에 대한 해석   85

  3. 음양의 작용과 원리   94

    1) 음양과 사시(四時)   94

    2) 음양의 원리   97

    ① 합(合)의 원리   97

    ② 형(刑)과 덕(德)   105

  4. 음양의 사회   114

3장 · 오행의 세계

1절 오행 개념의 성립   123
   1. 오행 개념   123
   2. 오행상승(五行相勝)의 원리   130

2절 오행의 세계 확립   136
   1. 간지(干支), 방위와 오행의 관계 성립   136
   2. 사시(四時) · 음양과 오행의 관계 성립   144
    1) 사시(四時)와 오행   144
    ① 사시와 오행의 관계 확립   144
    ② 오행의 세계의 변화   152
    2) 음양과 오행   158
   3. 오행의 사회   170
    1) 오행상생으로 해석하는 사회   171
    2) 오행상승으로 해석하는 사회   177

4장 · 음양오행의 세계

1절 태일과 태극의 세계   185
   1. 태일과 태극 세계의 성립   185
   2. 세계의 변화와 문제점   188

2절 일기(一氣)의 세계   194
   1. 일기(一氣)의 세계 확립   194
   2. 원리의 해석과 오류   200
    1) 오행의 음양과 기질론(氣質論)에 의한 해석과 오류   200
    2) 오행의 상생과 상극의 원리 해석과 오류   208

저자 후기   218

1장

천상의 별의 세계
: 지상세계의 근원

1절 - 천상세계에 대한 관심

　천이나 천상의 별에 대해 관심을 가지는 것은 지구에 사는 인간으로서 너무나도 당연한 사실이라고 생각한다. 인간의 속성상 지구를 둘러싸고 있는 우주를 설명하고 그 속에서 인간을 설명할 수밖에 없었기 때문이다.

　현실적으로 경험 가능한 인간의 속성은, 지금까지의 인간 연구에 의하자면, 맹자가 말한 '인의예지'(仁義禮智)를 대표적인 개념으로서 설명이 가능하다. 물론 완전히 선한 속성으로서의 인의예지의 모습은 여기서 배제된다. 그러한 소위 맹자가 말하는 성선(性善)으로서의 모습은 경험적으로 그 근거를 설명할 수가 없기 때문이다. 그렇지만 인간의 속성으로서 인의예지의 모습이 있다는 것은 어느 누구도 부정할 수가 없다. 지금까지 많은 학자들은 인간의 이러한 속성을 여러 관점에서 설명해 왔다. 인간의 이러한 속성이 다른 동물과는 다른 인간의 모습이다.

그런데 인간의 이러한 속성이 어떻게 해서 인간의 속성으로 되었는지에 대해서 경험적으로 설명하는 것은 현재로서는 불가능하다고 할 수 있다. 인간은 인간이 설계하고 만든 것이 아니라 자연 속에서 인간으로서 태어났을 뿐이다. 지금까지는 이러한 인간의 속성을 각자 나름의 관점에서 설명해 왔고 앞으로도 그렇게 설명해 갈 것이다. 그렇지만 그렇게 만들어진 인간의 속성은 변함이 없고, 앞으로도 인간은 그러한 속성에 따라 살아갈 것이다. 이러한 인간의 속성의 모습을 인의예지로 볼 수 있다는 것이다.

인간은 인의예지의 모습으로 살아갈 수밖에 없다. 여기서 인간의 속성으로서 인의예지를 말하는 것은 삶의 방법으로서의 차원이다. 인간으로서의 속성이라는 것은 인간으로서 삶을 영위하는 방법으로서의 모습이다. 그렇기 때문에 인간은 인의예지라는 길을 통해서 살아갈 수밖에 없는 것이다. 말하자면 인간은 인의예지라는 길로 살아가도록 만들어져 있다는 것이다. 그래서 인간은 왜 그런지 설명하기 힘들지만 동정심이 발휘되고 수치심도 발휘되고 또한 윤리를 논할 수밖에 없고 그리고 옳고 그른 것을 따지고 설명하게 되는 것이다. 여기서 옳고 그른 것을 따지고 설명하는 속성에 대해서 조금 더 구체적으로 살펴보도록 하자.

인간의 속성이란 인간의 세계를 형성하는 요소이다. 그렇다면 옳고 그른 것을 따지고 설명하는 속성에 의해서는 어떠한 세계가 형성될까. 먼저 '하나'라는 세계와 논리적인 세계라는 특징을 들 수 있다. 옳고 그른 것을 따진다는 것은 하나의 기준이 필요하고, 그 기준에서 객관적이고 논리적인 판단이 필요하게 된다. 물론 하나의 기준이라고는 하지만, 그 구체적인 모습을 논하자면 많은 모습이 있고, 그 모습은 상황에 따라 변화한다. '하나'에서 논리적으로 설명하려는 속성은 근거나 근원에 집착하게 하고, 인간세계를 근원에서부터 설명하는 모습을 가지게 했다. 이러한 근원에서부터의 설명이라는 특징적 모습은 정보와 관점에 따른 많은 해석을 낳게 했고, 이러한 해석은 앞으로도 계속 이어질 것이다.

인간의 속성상의 특징인 인간세계의 근원에 대한 관심에서 본다면, 인간의 삶을 지배하는 천이나 천의 구성 요소인 별에 대해서 관심을 가지는 것은 지극히 당연했다고 할 수 있다. 낮과 밤의 변화, 사계절의 변화는 인간의 삶을 절대적으로 지배하고 있고, 이러한 변화는 천의 구성 요소에 달려 있다. 천을 떠나서 인간의 삶을 논하거나 인간세계의 근원을 논하거나 할 수가 없는 것이다. 문제는 천을 논하는 방법이다. 인간에게 있어서 천이란 쉽게 접근해서 분석하고 판단할 수 있는 존재가 아니다. 중국 고대의 경우를 보자면, 인간은 천이 보여주는 것을 관찰하고, 천에 의해서 부여된 환경을 경험하면서, 인간적 입장에서 천을 해석할 수 있을 뿐이었다. 지금도 이러한 해석 방법에서 많은 발전을 보이고 있는 것은 아니다. 중국 고대의 천의 해석을 보면 신(神)으로 해석하기도 하고, 법칙을 가진 자연의 존재로 해석하기도 하고, 심지어는 형체를 가진 것으로 해석하기도 한다.[2] 천의 관찰과 경험을 어떠한 입장에서 해석하느냐에 따라 여러 가지 다른 해석이 나타나고 있다. 어떠한 입장을 취하느냐는 것은 가지고 있는 지식의 내용이나 정도 등에 따라 변화한다. 중국 고대의 천의 해석의 입장은 신적인 존재로 해석하는 입장에서 인식의 범위 안에서 해석하려는 입장으로 변화한다.

천상의 별의 세계에 대해서 보자면, 『사기』(史記) 「천관서」(天官書)에서는 그 세계를 구체적으로 설명하고 있다. 그러한 해석의 입장이 바로 인식의 범위 안에서 해석하려는 입장이 된다. 『사기』 「천관서」에서의 해석 방법은 인간의 사회를 기준으로 한 해석이다.[3] 천상세계가 인간의 인식의 범위 안에서 해석이 가능하다고 생각하게 되었다고 해도 그 해석에 이용할 구체적 정보가 없다. 그런데 천을 인간세계의 근원으로 생각하고 있었다면 천상세계를 해석할 간접적 정보는 얻을 수 있다. 말하자면 천에 의해 존재하는 인간세계를 근거로 하여, 그 근원인 천상세계를 추측해 볼 수는 있다는 것이다. 이

2　『書經』 「洪範」의 "帝乃震怒, 不畀洪範九疇, 彝倫攸斁."라는 말에서 천을 신적인 존재로 해석하고 있음을 볼 수 있고, 『순자』 「天論」의 "天行有常、不爲堯存、不爲桀亡"이라는 말에서는 자신의 법칙에 의해서 운행하는 천의 모습으로 해석됨을 볼 수 있고, 왕충의 『論衡』 「變虛」의 "夫天體也, 與地無異."라는 말에서는 천을 형체를 가지고 있는 존재로 해석하고 있음을 볼 수 있다.

3　『史記』 「天官書」 첫머리의 "中宮天極星, 其一明者, 太一常居也. 旁三星三公, 或曰子屬. 後句四星, 末大星正妃, 餘三星後宮之屬也. 環之匡衛十二星, 藩臣. 皆曰紫宮."이라는 문장을 통해서, 북극성과 그 주변의 별들을 왕과 왕궁을 기준으로 하여 설명하고 있는 것을 볼 수 있다.

음양오행으로 읽는 세계

러한 방법으로 해석한 것이 바로 『사기』 「천관서」의 별의 세계이다. 후한의 왕충도 이러한 방법으로 천을 해석하고 있다.[4]

그런데 이렇게 인간의 인식의 범위 안에서, 인간세계를 근거로 하여 천상의 별의 세계를 설명하게 되기까지는, 천상세계가 인간세계의 근원이라고 믿을 수 있는 구체적 사실의 확립이 필요하다. 이러한 점에 대해서는 다음 절에서 살펴보도록 하겠다.

---

4 졸저 『왕충이 해석하는 기의 세계』(맑은샘, 2022, 1), 「천론」 참조.

2절 - 천상세계의 움직임과 해석

천상세계의 움직임이라고 하면 해와 달과 별들의 움직임이다. 이러한 천상세계의 움직임을 관찰하면서 그러한 움직임에 근거하여 인간세계를 설명하고자 하는 모습은 많은 서적을 통해서 쉽게 발견할 수 있다. 『논어』의 자료를 예로서 보자면, "공자가 말했다. 덕으로 정치를 하는 것은 비유하자면 마치 북극성이 제자리에 가만히 있는데 뭇별들이 그곳으로 향해 도는 것과 같다."[5]라는 문장으로부터, 천상의 북극성과 별들의 움직임을 관찰하고, 그 움직임 속에서 법칙을 발견하여 인간세계와 관련지어 생각하고 있음을 볼 수 있다. 그런데 이러한 생각에는 경험적인 근거가 뒷받침되고 있는 것은 아니다. 그렇다면 별들의 운행의 법칙과 인간세계가 관련성을 가진다고 하는 생각은 어떠한 근거에 의거하고 있는 것일까. 앞서 언급했듯이 인간의 속성상의 특징인 인간세계의 근원에 대한 관심에 의거하

---

5 『논어』「爲政」: 子曰, 爲政以德, 譬如北辰, 居其所而衆星共之.

고 있다고 생각한다. 인간세계의 근원에 대한 관심이란 인간이 가지고 있는 하나의 생각의 틀을 의미한다. 이러한 생각의 틀은, 별들의 운행의 법칙을 인간세계의 근원의 내용으로 생각하는 순간, 어떠한 경험적인 근거가 없어도 별들의 운행의 법칙을 인간세계의 근원으로 생각하게 한다. 중국 고대에서 천의 해석이란 바로 이 생각의 틀 속에서 인간세계의 근원의 내용을 무엇으로 하는가였다. 그런데 인간의 속성의 특징인 객관적이고 논리적인 판단은, 새로운 정보와 함께 새로운 해석을 요구하게 된다. 그래서 앞서 언급했듯이, 중국 고대의 천의 해석의 입장이 신적인 존재로 해석하는 입장에서 인식의 범위 안에서 해석하려는 입장으로 변화했던 것이다. 좀 더 경험적인 측면에서 객관적이고 논리적인 판단을 하는 입장으로 변화했다는 것이다.

천의 해석이 인식의 범위 안에서 해석하려는 입장으로 변화했다는 것은, 별들의 운행의 법칙에서, 경험적 근거를 가지고 인간세계의 근원으로 해석할 수 있는 새로운 정보가 등장했다는 것이 된다. 인간이 살고 있는 지상세계의 변화가 일정한 형식을 반복한다는 것은 경험을 통해서 쉽게 알 수 있는 사실이다. 그 대표적이고 인간의 삶을 지배하는 것이 바로, 낮과 밤의 순환에 의한 하루, 달의 변화의 주기에 의한 한 달, 한 달을 기준으로 한 계절의 변화의 주기, 또한 계절의 순환을 하나의 단위로 하는 일 년이라는 시간의 흐름이다. 이러한 변화의 반복은 천상세계의 요소와 관련하여 설명할 수밖에 없다. 그 설명이 바로 새로운 정보가 된다. 결국 관찰을 통해서밖에 접근할 수 없는 천상세계의 정보이지만, 오랜 시간에 걸쳐 새로운 정보로 밝혀지게 된 것이다. 물론 그 정보는 인간의 입장에서 지상세계의 변화를 기준으로 하여 천상세계의 움직임을 해석하는 측면에서의 정보이다. 따라서 하나의 해석이라고 하는 한계는 있지만, 당시의 지상세계와 천상세계의 관계에 대한 믿음에서 본다면, 천상세계에 대한 경험적인 지식을 통해서 지상세계의 변화를 설명할 수 있게 되었다는 것이고, 그러한 당시 사람들의 의식의 변화는 획기적인 것이었다고 할 수 있다. 그럼 이러한 획기적인 의식의 변화를 초래한 당시의 경험적 지식을 구체적으로 살펴보도록 하자.

음양오행으로 읽는 세계

I. 하루, 한 달, 계절의 순환(1년)

하루라는 시간은 해(日)와 달(月)의 운행을 기준으로 하여 설명하고 있다. 이러한 설명을 하던 당시로서는 당연한 발상이었다고 할 수 있다. 지상세계의 인간의 관측을 통해서 볼 때, 해와 달이 낮과 밤을 존재하게 한다고 하는 것은 믿을 수밖에 없는 사실이었다. 또한 달(月)의 변화를 통해서 한 달이라는 시간을 의식하게 되고, 석 달을 단위로 하는 계절의 변화와 순환을 의식하고 순응하면서 삶을 영위해 왔다. 이러한 시간의 순환을 경험적으로 불변하는 사실로 받아들였다는 것은, 그 관측의 대상인 천상세계를 지상세계의 근원으로 생각할 수밖에 없었다는 것을 의미한다. 지상세계와 천상세계의 관계를 구체적으로 설명해 줄 경험적 사실을 가지지 않는다고 해도 그 관계는 인간의 속성에 의해서 성립하게 된다. 경험적 사실에 의한 관계가 아니기 때문에 인간은 자신의 상상력으로 해석하게 된다. 이러한 해석을 『서경』(書經) 「홍범」(洪範)에서 볼 수 있는데, 지상세계를 지배하는 천상세계의 '상제'(帝)를 이야기하고 또 '천'이 우(禹)에게 '홍범구주'(洪範九疇)를 내려주었다고 하여,[6] 천을 '신'과 같은 존재로 해석하고 있다. 그리고 '홍범구주' 중에서 지상세계의 삶의 시간인

---

6 『書經』「洪範」: 箕子乃言曰, 我聞在昔, 鯀堙洪水, 汩陳其五行. 帝乃震怒, 不畀洪範九疇, 彝倫攸斁. 鯀則殛死, 禹乃嗣興, 天乃錫禹洪範九疇, 彝倫攸敘.

세(歲:四時) · 월(月:한 달) · 일(日:하루)을 네 번째로 언급하고 있다.[7] 이러한 사실은 천의 해석과 관계없이 삶을 지배하는 시간의 흐름을 얼마나 중요시했는가를 보여주고 있다.[8]

그런데 이러한 삶을 지배하는 시간의 흐름을 천상세계의 관측을 통해서 설명하고자 하는 모습은 이 「홍범」 이전의 자료에서도 볼 수 있다. 『춘추좌전』(春秋左傳)을 보면 "세성(歲星)이 성기(星紀)에 있다." (歲在星紀), "세성(歲星)이 강루(降婁)에 있다."(歲在降婁) 등의 말이 보이고 있다.[9] 이것은 세성(歲星), 즉 목성(木星)이 천상의 28수(宿:성좌)를 일주할 때 지나가는 특정 공간에 대한 언급이다. 세성(歲星)이란 1년 (歲)이라는 시간의 기준이 되는 별이라는 의미이다. 따라서 이러한 기록을 통해서, 지상세계를 지배하는 시간의 배경을 천상세계에서 찾아왔고, 그 결과로 얻은 정보를 통해서 지상세계의 시간을 이해하고자 하고 있음을 알 수 있다.

하루와 한 달 그리고 1년이라는 시간의 순환을 경험적으로 받아들이고 그것을 천상세계로부터 설명을 하고는 있지만, 「홍범」 이전의 자료에서는 경험적인 측면에서 충분히 납득할 만한 논리적 설명

---

7 『書經』「洪範」: 四, 五紀:一曰歲, 二曰月, 三曰日, 四曰星辰, 五曰歷數.

8 중국 고대의 자료를 통해서 세(歲)·월(月)·일(日:간지로 표기)의 표기가 일찍부터 있었고, 또한 이와 관련하여 '日月'이나 '四時' 등의 개념도 일찍부터 있었음을 볼 수 있다.

9 『춘추좌전』의 「襄公」과 「昭公」의 〈傳〉에 '歲星'(木星)과 '十二次'의 관계가 나타나고 있다. 그리고 「홍범」과 『춘추좌전』의 성립 시기에 대해서는, 「홍범」은 전국시대 초기의 작품으로 간주하고, 『춘추좌전』은 일반적인 입장을 받아들여 춘추시대 말기의 저작으로 취급한다.

음양오행으로 읽는 세계

은 되고 있지 않다. 「홍범」에서 천을 신적인 존재로 해석하면서 이 시간의 순환을 설명하고 있듯이, 『춘추좌전』에서도 천을 신으로 해석하는 범주를 벗어나지 못하고 있다.[10] 그렇지만 관측과 경험을 통해서 얻은 천상세계에 대한 지식은 점차 지상세계를 경험적인 측면에서 납득할 수 있는 설명으로 나아가게 하고 있는 것은 틀림이 없는 사실이다. 진한(秦漢) 시기가 되면 그러한 설명이 어느 정도 형태를 갖추고 나타나게 된다.

10　『춘추좌전』「昭公」元年의 〈傳〉에, '눈과 서리, 바람, 비 등이 때에 맞지 않으면 일월성신의 신에게 그것을 막기 위한 제사를 지낸다'(日月星辰之神, 則雪霜風雨之不時, 於是乎禜之.)고 하고 있다. 이러한 말로부터 당시의 천의 해석이 신의 범주를 벗어나지 못하고 있음을 알 수 있다.

2. 세성(歲星)과 십이차(十二次)

앞서 『춘추좌전』에 세성(歲星)이 성기(星紀)나 강루(降婁) 등에 있다고 하는 말이 있음을 언급했는데, 이것이 바로 세성과 십이차의 관계이다. 김일권의 『동양 천문사상, 하늘의 역사』에서는 이 십이차의 명명법에 대해서 『한서』(漢書) 「율력지」(律曆志)에 이르러 처음 본격적으로 제시되고 있다고 하고 있는데,[11] 사실은 그 이전의 『춘추좌전』이나 『국어』(國語) 등에 이미 십이차의 이름이 나타나고 있다. 『한서』 「율력지」 이전의 전적에서는 세성과 십이차의 관계를 이야기하고 있어서 십이차 중에 이름이 보이지 않는 것도 있다. 『한서』 「율력지」까지의 전적에 십이차의 이름이 나오는 것을 정리해 보면 다음의 〈표 1〉과 같다.

〈표 1〉 십이차의 출전(出典) (이름이 있는 것을 ○로 표시)

십이차	춘추좌전	국어	춘추공양전	한서율력지
성기(星紀)	○			○
현효(玄枵)	○(顓頊之虛)	○(天黿)		○
추자(娵訾)	○(豕韋)			○(諏訾)
강루(降婁)	○			○

----

11 김일권 『동양 천문사상, 하늘의 역사』(예문서원, 2007) 216쪽.

음양오행으로 읽는 세계

대량(大梁)	○	○		○
실침(實沈)	○	○		○
순수(鶉首)				○
순화(鶉火)	○	○		○
순미(鶉尾)		○		○
수성(壽星)		○		○
대화(大火)	○	○	○	○
석목(析木)	○	○		○

※현효(玄枵): 『춘추좌전』에서는 '전욱지허'(顓頊之虛)라고도 함. 『국어』에는 '천원'(天黿) (『오행대의』(五行大義) 「卷第二, 第八論合」: 玄枵, 子也, 一名 天黿.)으로 표기.
※추자(娵訾): 『춘추좌전』에서는 '시위'(豕韋)라고도 함(『오행대의』 「卷第二, 第八論合」: 諏 訾, 亥也, 一名豕韋.). 『한서』 「율력지」에는 '諏訾'로 표기.

    세성과 십이차의 관계는, 세성이 28수의 천상세계를 일주할 때, 십이차라는 열두 곳의 특정 공간과의 관계에 의해서 성립된다. 그럼 십이차는 어떻게 정해져 있는가. 『춘추좌전』 「소공」(昭公) 7년의 〈전〉 (傳)에 "해(日)와 달(月)이 만나는 곳을 진(辰)이라고 한다."(日月之會是謂 辰)고 하고 있다. 『상서정의』(尙書正義) 「요전」(堯典)의 〈전〉(傳)에는, 이 해와 달이 만나는 곳인 진(辰)에 대해서 "해와 달이 십이차에서 서로 만나는 것이다."(日月交會於十二次也)라고 하는 좀 더 자세한 설명이 있다. 이러한 설명을 통해서 십이차란 해와 달이 만나는 장소에 의해서 정해져 있음을 알 수 있다. 『상서정의』(尙書正義) 「요전」(堯典)의 〈전〉(傳)에서는 이 십이차를 십이지(十二支)와의 관계에서 설명하고 있다. 그 관계는 다음의 〈표 2〉와 같다.

〈표 2〉 십이지와 십이차의 관계[12]

십이지	인 寅	묘 卯	진 辰	사 巳	오 午	미 未	신 申	유 酉	술 戌	해 亥	자 子	축 丑
십이차	석목 析木	대화 大火	수성 壽星	순미 鶉尾	순화 鶉火	순수 鶉首	실침 實沈	대량 大梁	강루 降婁	추자 娵訾	현효 玄枵	성기 星紀

세성은 이렇게 정해진 십이차를 순환한다고 하고 있다. 이 세성과 십이차의 관계에서 다음과 같은 사실을 지적할 수 있다. 먼저 세성의 규칙성에 대한 관찰이다. 뒤에서 자세하게 설명되겠지만, 세성은 목성으로서 이 목성이 12년 주기로 천상의 28수(宿)를 일주한다는 사실의 발견이 가지는 의미는 굉장히 크다고 할 수 있다. 이 목성이 십이차와 관련을 가지게 될 때 자연스럽게 1년(歲)이라는 시간의 기준으로 의식되게 되고, 그러한 당시 사람들의 의식의 변화를 보여

---

12 『상서정의』「요전」의 〈전〉 : 辰, 日月所會. … 日月所會, 謂日月交會於十二次也. 寅曰析木, 卯曰大火, 辰曰壽星, 巳曰鶉尾, 午曰鶉火, 未曰鶉首, 申曰實沈, 酉曰大梁, 戌曰降婁, 亥曰娵訾, 子曰玄枵, 丑曰星紀.

음양오행으로 읽는 세계

주는 것이 바로 세성(歲星)이라는 개념이다. 말하자면 목성을 지상세계의 1년(歲)의 기준이 되는 별로 인정한다는 것이다. 가령 그 배경에 신의 존재를 인정한다고 하더라도, 목성을 세성으로 인정한 것은 인간의 삶에 있어서 큰 의미를 가지게 된다. 목성을 세성으로 해석한 것은 천상세계와 지상세계의 관계에 대한 해석이다. 지상세계의 1년이라는 시간의 순환은 천상세계에 의해 결정되어 있고, 천상세계는 그 시간을 목성을 통해서 나타내고 있다고 하는 것이 된다. 이러한 해석은 진위와 관계없이 지상세계의 모든 모습을 결정하게 되고, 또한 새로운 해석의 전개의 기준이 된다.

다음은 해와 달의 운행을 통한 십이차의 관찰이다. 해와 달에 의해서 하루가 결정되는데, 이 해와 달이 만나는 것을 알게 되고, 그것도 목성의 운행과 같은 공간에서 1년을 주기로 열두 번 만나고 있는 것을 알게 되었다는 사실이 가지는 의미는 크다. 이러한 십이차에 관한 지식과 목성에 관한 지식은, 12라는 숫자를 같은 공간을 배경으로 하여 얻고 있기 때문에 결합하기 쉬운 지식이었다고 할 수 있고, 또한 결합을 통하여 이 두 지식은 더욱 견고한 믿음을 얻게 되었다고 할 수 있다. 이렇게 해서 목성은 십이차를 순환하는 세성이 되었다.

3. 열두 달의 해석

한 달이라는 시간은 달(月)의 변화를 통한 경험에 의해서 상식적인 지식으로 인정되고 있다. 열두 달은 세성과 십이차의 관계 속에서 설명되고 있다. 세성은 1년이라는 시간의 기준이고, 이 세성의 공간 속에서 해와 달이 열두 번 만나고, 또한 그 만남이 한 달의 순환과 일치한다면, 이러한 사실들을 한 달과 열두 달의 순환의 근거로 충분히 생각할 수 있다. 이렇게 해서 중국 고대에서는 열두 달도 천상세계에 그 근거를 둔 지상세계의 시간의 순환으로 해석되게 되었다. 열두 달의 근원으로서의 천상세계에 대한 해석은 진한(秦漢) 시기의 전적을 통해서 확인할 수 있다. 해석의 방법에는 두 종류의 다른 해석 방법이 있다. 하나는 『여씨춘추』(呂氏春秋)나 『예기』(禮記)에 나타나는 해석 방법이고, 또 하나는 『회남자』(淮南子)에 나타나는 해석 방법이다. 먼저 『여씨춘추』나 『예기』의 해석 방법부터 보도록 하자.

『여씨춘추』와 『예기』에서 열두 달의 각 달을 설명하는 방법은, 세성이 순환하는 공간이면서 십이차의 공간인 28수를 기준으로 하여 나타내고 있다. 그 자세한 내용은 다음의 〈표 3〉과 같다.

13　『여씨춘추』의 十二紀와 『예기』 「월령」에 나오는 내용을 정리한 것이다. 여씨춘추』

〈표 3〉『여씨춘추』와 『예기』의 열두 달의 설명[13]

월	계절을 맹(孟)·중(仲)·계(季)로 구분한 열두 달	해가 28수 중에 있는 곳	해 질 무렵 남방의 중앙에 있는 28수	해 돋을 무렵 남방 중앙에 있는 28수
1	맹춘(孟春)의 달	영실(營室)	삼(參)	미(尾)
2	중춘(仲春)의 달	규(奎)	호(弧)	건성(建星)
3	계춘(季春)의 달	위(胃)	칠성(七星)	견우(牽牛)
4	맹하(孟夏)의 달	필(畢)	익(翼)	무녀(婺女)
5	중하(仲夏)의 달	동정(東井)	항(亢)	위(危)
6	계하(季夏)의 달	류(柳)	심(心)	규(奎)
7	맹추(孟秋)의 달	익(翼)	두(斗)	필(畢)
8	중추(仲秋)의 달	각(角)	견우(牽牛)	자휴(觜嶲)
9	계추(季秋)의 달	방(房)	허(虛)	류(柳)
10	맹동(孟冬)의 달	미(尾)	위(危)	칠성(七星)
11	중동(仲冬)의 달	두(斗)	동벽(東壁)	진(軫)
12	계동(季冬)의 달	무녀(婺女)	루(婁)	저(氐)

앞의 표에서 보듯이 『여씨춘추』와 『예기』에서 각 달을 설명하는

十二紀의 "孟秋之月, 日在翼, 昏斗中, 旦畢中." 중의 "昏斗中"이 『예기』 「월령」에서는 "昏建星中"으로 되어 있다.

방법은, 해가 28수 중의 어느 별자리에 있는가, 또 해 질 무렵과 해 뜰 무렵에 남방의 중앙에 있는 별자리는 28수 중의 어느 것인가를 그 기준으로 하고 있다.[14] 여기서 먼저 28수라는 공간을 천상세계 전체의 공간으로 생각하고, 이 28수와 해의 관계에서 열두 달의 근거를 찾고 있는 것을 볼 수 있다. 해는 지상세계에 밝음을 주는 존재이다. 그런데 이 해가 28수의 공간을 순환하면서 28수의 장소에 따라서 지상세계를 밝혀 주는 시간에 변화가 있는 것을 발견하고는 결국, 지상세계를 밝혀 주는 해의 시간은 28수에 의해서 결정되어 있다고 생각한 것 같다. 그래서 각 달을 설명하는 기준으로서 해가 28수의 어디에 있는가가 가장 중요한 조건이었다고 할 수 있다. 그 다음 조건으로서 지상세계에 밝음이 사라질 때와 밝음이 찾아올 때의 28수의 위치를 밝혀, 해의 작용의 끝과 시작이 28수 중의 어느 별자리와 관계를 가지는가를 열두 달의 기준으로 설정하고 있다. 결국 지상세계를 밝혀 주는 해에 초점을 맞추면서, 그 해의 변화는 28수에 의존하고 있다는 입장에서 열두 달의 변화를 설명하고 있는 것이다. 그렇기 때문에 지상세계를 밝혀 주는 주체는 해가 되지만, 이 해의 작용은 28수에 의해서 열두 달의 모습을 나타내 주는 역할을

---

14 『禮記注疏』「월령」의 〈疏〉에서 "月令昏明中星, 皆大略而言"라고 하여, 「월령」에서 해가 지고 뜰 무렵의 남방의 중앙에 있는 별자리를 말하는 것에 대해서 정확한 것이 아니라 대략적으로 말한 것이라고 하고 있다. 또 欽定四庫全書 『禮記大全』(明, 胡廣等撰) 「卷六」 《月令第六》에서, 嚴陵方의 말로서, 맹춘의 '해가 營室에 있는'(日在營室) 것에 대해서 日과 月이 營室에서 만나는 것이라고 하고, 日과 月이 만나는데 日만을 말하는 것은 陽이 한 해를 이루고 陰은 다만 따르기 때문이라고 하고 있다.

하는 것이 된다.[15]

『회남자』(淮南子) 「시칙훈」(時則訓)에서도 『여씨춘추』와 『예기』에서처럼 열두 달을 설명하고 있는데, 『여씨춘추』나 『예기』와는 조금 다른 설명 방법을 취하고 있다.

〈표 4〉 『회남자』 「시칙훈」의 열두 달의 설명

월	계절을 맹(孟)·중(仲)·계(季)로 구분한 열두 달	초요(招搖)가 가리키는 십이지	해 질 무렵 남방의 중앙에 있는 28수	해 돋을 무렵 남방 중앙에 있는 28수
1	맹춘(孟春)의 달	인(寅)	삼(參)	미(尾)
2	중춘(仲春)의 달	묘(卯)	호(弧)	건성(建星)
3	계춘(季春)의 달	진(辰)	칠성(七星)	견우(牽牛)
4	맹하(孟夏)의 달	사(巳)	익(翼)	무녀(婺女)
5	중하(仲夏)의 달	오(午)	항(亢)	위(危)
6	계하(季夏)의 달	미(未)	심(心)	규(奎)
7	맹추(孟秋)의 달	신(申)	두(斗)	필(畢)
8	중추(仲秋)의 달	유(酉)	견우(牽牛)	자휴(觜嶲)
9	계추(季秋)의 달	술(戌)	허(虛)	류(柳)

---

15 『상서정의』를 보면 「洪範」의 〈四, 五紀〉 중의 '星'을 해석하여, "星은 28宿가 어둠과 밝음이 번갈아 나타나는 것을 말한다."(星謂二十八宿, 昏明迭見)고 하고, 또 28수에 대해서 "28宿는 사방에 펼쳐져 천을 따라 운행하여 어둠과 밝음이 번갈아 나타나는 것이다."(二十八宿, 布於四方, 隨天轉運, 昏明迭見.)라고 설명하고 있다. 이러한 설명을 통해서도 28수란 밝음을 주관하는 역할을 하는 존재라고 해석하고 있음을 볼 수 있다.

10	맹동(孟冬)의 달	해(亥)	위(危)	칠성(七星)
11	중동(仲冬)의 달	자(子)	벽(壁)	진(軫)
12	계동(季冬)의 달	축(丑)	루(婁)	저(氐)

『회남자』「시칙훈」의 설명에서 특징적인 점은 '초요(招搖)가 가리키는 십이지'를 열두 달을 설명하는 가장 중요한 조건으로 생각하고 있는 것이다.[16] 초요(招搖)란 북두칠성의 일곱 번째 별인 요광성(搖光星)인데, 고유(高誘)의 주석을 보면 "초요(招搖)는 두건(斗建)이다"(招搖斗建)라고 하고 있다. 두건(斗建)이란 북두칠성의 자루에 해당하는 세 별 중의 여섯 번째와 일곱 번째를 일직선으로 잇는 방향을 말한다. 이 두건(斗建)이 가리키는 십이지의 방향으로 열두 달을 나타내는 것이 『여씨춘추』나 『예기』와는 다른 방법이다. 그 다음의 해 질 무렵과 해 뜰 무렵의 28수로 열두 달을 설명하는 방법은 『여씨춘추』나 『예기』와 똑같다. 그렇다면 왜 열두 달을 설명하는 방법으로 초요(招搖), 즉 두건(斗建)이 등장하게 되었을까. 두건(斗建)의 움직임에 대한 관찰을 통해서 등장한 설명 방법임에는 틀림이 없겠지만, 왜 이 설명 방법을 사용하게 되었는가에 대해서는 생각해 볼 필요가 있다. 이후의

---

16 『회남자』「天文訓」에서도 "日正月建營室, 二月建奎·婁, 三月建胃, 四月建畢, 五月建東井, 六月建張, 七月建翼, 八月建亢, 九月建房, 十月建尾, 十一月建牽牛, 十二月建虛."(※'日正月'의 '日'은 원문에 '星'으로 되어 있는데 高誘注의 지적에 따라 고침)라고 하여, 대응되는 28수에 조금의 차이는 있지만 『여씨춘추』나 『예기』에서와 같은 설명 방법을 하고 있기는 하다.

설명 방법으로 본다면 두건(斗建)으로 열두 달을 설명하는 방법이 일반화되고 있는 것이다. 자세한 것은 뒤에서 설명이 되기 때문에 여기서는 단지, 해와 28수의 관계에서 설명하는 방법과는 어떠한 관련성을 가지고 있는지, 또한 어떠한 차이가 있는지 등에 대해서 살펴보고자 한다.

수(隋)나라 때 소길(蕭吉)의 『오행대의』(五行大義)에 "정월에는 해와 달이 추자(諏訾)의 자리에서 모인다. 추자(諏訾)는 해(亥)이고 달리 시위(豕韋)라고도 이름한다. 두건(斗建)은 인(寅)에 있다. 그렇기 때문에 인(寅)과 해(亥)가 합한다."[17]고 하는 말이 있다. 십이지의 '합'(合)을 이야기하는 부분인데, 열두 달에 대해서 이러한 형태로 설명하고 있다. 이 설명에서 십이차와 십이지의 관계, 그리고 두건에 의한 열두 달의 설명을 볼 수 있다. 십이차는 해와 28수의 관계와 같은 내용이기 때문에, 이 설명을 통해서 『여씨춘추』나 『예기』의 열두 달의 설명과 『회남자』「시칙훈」의 열두 달의 설명 모두를 볼 수 있다. 십이차와 십이지, 28수, 두건의 대응관계를 정리하면 다음의 〈표 5〉와 같다.

17　『오행대의』「卷第二, 第八論合」: 正月, 日月會於諏訾之次. 諏訾, 亥也, 一名豕韋. 斗建在寅, 故寅與亥合.

십이차	십이지	28수	두건	십이차	십이지	28수	두건
추자	해	위危 영실 벽 규	인	순미	사	장 익 진	신
강루	술	규 루 위胃	묘	수성	진	진 각 항 저	유
대량	유	위胃 묘昴 필	진	대화	묘	저 방 심 미	술
실침	신	필 자휴 삼 정	사	석목	인	미 기箕 두	해
순수	미	정 귀鬼 류	오	성기	축	두 견우 무녀	자
순화	오	류 성 장張	미	현효	자	무녀 허 위危	축

이 〈표 5〉에서의 순서는 1월에서 12월까지인데, 해와 28수의 관계(십이차)에서의 십이지는 열두 달의 순서가 아니고, 두건 방향의 십이지가 열두 달의 순서임을 알 수 있다. 따라서 실제의 열두 달을 나타내는 데는 두건 방향의 십이지로 제시하는 것이 알기 쉽다. 그런데 그 지식이 전적에 나타나는 시기를 본다면, 십이차에 관한 지식이 먼저 나타나고 있고, 두건의 방향과 십이지의 관계는 『회남자』에서 처음 나타나고 있다. 이러한 사실들을 통해서 볼 때, 두건의 방향과 십이지에 관한 지식이 나중에 나왔지만, 충분히 열두 달을 설명하는 방식으로 인정될 수 있고, 오히려 더 합리성을 얻었기 때문에 『회남자』에서 이전의 해와 28수의 관계에 대신해 채택된 것이 아닐까 한다.

---

18 십이차와 28수의 관계는 『한서』「율력지」를 참조하고, 나머지는 『여씨춘추』의 〈십이기〉, 『회남자』「시칙훈」, 「오행대의」 등의 자료를 참조했다.

그런데 이 두 방법으로 열두 달을 설명하는 것이 가능하다면 이 두 방법은 서로 관련성을 가지는 것일까. 십이지에 초점을 맞추어 두 방법을 보면, 오·미와 자·축을 중심으로 해서 사·신, 진·유, 묘·술, 인·해의 관계에 있음을 볼 수 있다. 말하자면 해와 28수의 관계는 '자→해→술'의 방향으로 진행하고 두건은 '축→인→묘'의 방향으로 진행하면서 서로 대응되는 관계에 있는 것이다. 이러한 관계를 『오행대의』에서 십이지의 '합'으로 설명하고 있음을 앞에서 볼 수 있었다. 뒤에서 자세하게 설명되겠지만 이 두 방법은 천상세계의 양과 음의 작용으로 볼 수 있고, 그렇기 때문에 『오행대의』에서 말하는 십이지의 '합'은 음양의 합으로도 이해할 수 있다.

이상에서 열두 달의 근원에 대한 해석이 천상세계의 정보에 따라 변하고 있는 것을 살펴봤는데, 어떠한 해석 방법이든 천상세계의 별에서 그 근원을 찾고 있다.

3절 - 천의 원리

천상세계의 움직임을 지상세계의 근원으로 해석하는 것은, 인간의 속성에서 보자면, 단편적 원리를 통해서 전체적인 하나의 원리를 찾아가는 과정이라고 할 수 있다. 여기서는 그러한 과정에 대해서 살펴보고자 한다.

I. 세성과 태음(太陰) : 음양 원리의 성립

『회남자』「천문훈」(天文訓)에 다음과 같은 말이 있다.

태음(太陰)이 사중(四仲)에 있을 때는 세성이 (28수(宿) 중의) 3수(三宿)를 운행하고, 태음이 사구(四鉤)에 있을 때는 세성이 2수(二宿)를 운행한다. (사구(四鉤)에 있을 때가 8년이기 때문에) 2(수)에

음양오행으로 읽는 세계

8을 곱하면 16(수), (사중(四仲)에 있을 때가 4년이기 때문에) 3(수)에 4
를 곱하면 12(수)이다. 그렇기 때문에 (세성은) 12세(十二歲)에
28수(二十八宿)를 운행한다.[19]

여기서 태음(太陰)이라는 것은 세음(歲陰)이나 태세(太歲)라는 개념
으로 이야기되고도 있는데,[20] 세성(목성)의 운행에 따라 좌우 대칭되
는 곳에서 움직이는 상(像)을 말한다. 이러한 태음과 세성의 관계에
대해서 「천문훈」에서는, "태음이 인(寅)에 있을 때, 그 해를 이름하여
섭제격(攝提格)이라고 한다. 그 웅(雄)은 세성이고 (28수 중의) 두(斗)와
견우(牽牛)에 있다."[21]라는 형태로, 십이지를 중심으로 그 관계를 설
명하고 있다. 인용문의 '웅'(雄)이라는 것은 세성의 대칭되는 곳에 있
는 태음을 '자'(雌)로 이야기하는 것에 대한 말이다.[22] 28수 중의 두
(斗)와 견우(牽牛)는 십이지의 위치로 보면 '축'(丑)이 된다. 따라서 세
성이 축(丑)의 위치에 있을 때 태음은 인(寅)에 있게 되고, 그 해는 인
(寅)의 해로서 섭제격(攝提格)이라고 한다는 것이다. 『사기』(史記) 「천관
서」(天官書)를 보면 이 태음과 세성의 관계에 대한 좀 더 자세한 설명

19　『淮南子』「天文訓」: 太陰在四仲, 則歲星行三宿, 太陰在四鉤, 則歲星行二宿,
二八十六, 三四十二, 故十二歲而行二十八宿.

20　『史記』「天官書」에서는 "歲陰左行在寅", "太歲在甲寅"이라고 하여, 태음(太陰) 대
신에 세음(歲陰)이나 태세(太歲)라는 개념을 쓰고 있다.

21　『淮南子』「天文訓」: 太陰在寅, 歲名曰攝提格. 其雄爲歲星, 舍斗·牽牛.

22　『淮南子』「天文訓」에 "北斗之神, 有雌雄."이란 말에서 볼 수 있듯이, 실체를 陽·雄이
라고 하고 여기에 대해서 陰·雌를 설정하는 것이 당시의 일반적인 관점이었던 것 같다.

을 볼 수 있는데, 섭제격(攝提格)의 경우를 보면, '세음(歲陰·태음)이 왼쪽으로, 즉 동쪽에서 서쪽으로 운행하여 인(寅)에 있고, 세성(歲星)은 오른쪽으로, 즉 서쪽에서 동쪽으로 운행하여 축(丑)에 있다'고 하고 있다.[23] 말하자면 십이지에서 볼 때, 세성은 '축→자→해→술'의 방향으로 운행하고, 태음은 그 대칭되는 곳에서 '인→묘→진→사'의 방향으로 운행한다는 것이다. 여기서 세성의 시작은 '축'이고 태음의 시작은 '인'으로서, 그 대칭의 기준이 '축'과 '인' 사이에 있음을 알수 있다. 그리고 대칭의 선은 축·인(丑·寅)과 미·신(未·申) 사이를 잇는 선이 된다. 이 대칭의 기준에서 시작하여 운행하는 실체는 세성이지만, 그 상(像)으로서 세성의 대칭되는 곳에서 움직이는 태음에 의해서 그 해가 결정된다.[24] 이 태음이 움직이는 위치는 십이지의 순서이고, 그래서 십이지의 순서에 따른 각각의 해(연도)를 섭제격 등으로 부르고 있다. 『회남자』의 「천문훈」에 의거하여, 세명(歲名), 십이지를 중심으로 하는 태음과 세성의 대칭관계, 그리고 28수와의 관계를 정리하면 다음의 〈표 6〉과 같다.

---

23 『史記』「天官書」: 以攝提格歲, 歲陰左行在寅, 歲星右轉居丑.

24 중국의 역법에서 세성(木星)이 어느 위치에 있는가에 의해서 해(연도)를 헤아리는 것을 세성기년법(歲星紀年法)이라고 한다. 또한 실제로는 태세(太歲·태음)에 의해 결정되기 때문에 세성기년을 태세기년(太歲紀年)이라고도 한다.

세명	섭攝 제提 격格	단單 알閼	집執 제除	대大 황荒 락落	돈敦 장牂	협協 흡洽	군涒 탄灘	작作 악鄂	엄閹 무茂	대大 연淵 헌獻	곤困 돈敦	적赤 분奮 약若
太陰	인	묘	진	사	오	미	신	유	술	해	자	축
歲星	축	자	해	술	유	신	미	오	사	진	묘	인
28수	두 견우	수녀 허 위	영실 벽	규 루	위 묘 필	자휴 삼	동정 여귀 輿鬼	류 칠성 장	익 진	각 항	저 방 심	미 기

※ 수녀(須女) : 「시칙훈」에는 '婺女'(무녀)로 되어 있음.

※ 집제(執除) : 『史記』「天官書」에는 '執徐'(집서)로 되어 있음.

※ 대황락(大荒落) : 『史記』「天官書」에는 '大荒駱'(대황락)으로 되어 있음.

천상세계의 전체의 공간인 28수를 세성이 운행하면서 만들어내는 시간은, 지상에서는 사실상 태음의 시간으로 나타난다고 하고 있다. 지상세계의 시간의 변화가 십이지의 순서대로 나타나는데, 세성의 운행을 1년이라는 시간의 기준으로 해석하게 될 때, 이러한 세성과 태음의 관계로 지상세계의 시간의 변화를 해석하게 되었다고 하겠다. 그런데 지상세계의 움직임의 근원이 천상세계에 있다고 한다면, 실제의 1년이라는 시간은 세성의 운행으로 나타나는 것이고, 태음의 시간은 세성의 운행이 투영된 것에 지나지 않게 된다. 이 투영되는 방식이 축 · 인(丑·寅)과 미 · 신(未·申) 사이를 잇는 선을 기준으로 한 대응이라는 방식이다. 그리고 앞에서 이러한 세성과 태음의 관계를 '웅'(雄)과 '자'(雌)로 설명하고 있는 것도 살펴봤는데, 여기서 세성과 태음의 관계를 양과 음의 관계로 보고 있었다는 것도 확인할 수 있다. 태음(太陰)이라는 개념도 세성의 양(陽)에 대한 개념이 된다. 세성의 운행과 태음의 움직임을 양과 음의 관계로 볼 때, 천상세계와 지상세계의 전체는 양과 음으로 설명이 가능하게 된다. 말하자면 천의 작용의 최고 원리로서의 음양 개념이 성립하게 되는 것이다. 이러한 음양 개념이 성립하기까지의 과정에 대해서는 다음 장에서 자세하게 설명하고 있다.

그런데 세성의 운행인 양과 태음의 움직임인 음은 28수라는 같은 세계 위에서 작용한다. 단지 그 작용의 방향이 반대가 될 뿐이다. 그렇기 때문에 양의 원리와 음의 원리가 전체적으로 천의 원리가 된다. 〈표 6〉에서 보듯이 세명(歲名)의 시작은 태음은 인(寅)이고 세성은 축(丑)이다. 그래서 태음은 인에서 '묘→진→사'의 방향으로 움직이고 세성은 축에서 '자→해→술'의 방향으로 운행하게 되는데, 그렇다면 왜 인과 축이 그 시작점이 되는가. 앞의 열두 달의 설명에서 『회남자』뿐만이 아니라 『여씨춘추』의 경우도 1월인 인(寅)에서 시작하고 있는 것을 볼 수 있었다. 『회남자』「천문훈」에서 태음과 세성의 시작점을 인과 축 사이에 두고 있는 것도 그러한 열두 달의 시작을 근거로 하고 있는 것이 아닐까 한다.[25]

25　朱熹의 『論語集注』「爲政」에 "三統, 謂夏正建寅爲人統, 商正建丑爲地統, 周正建子爲天統."이라고 하는 사실에 근거한다면, '夏正'을 받아들이고 있다고 할 수 있다.

세성과 십이차의 관계가 『춘추좌전』에 나타나고 있다는 것은, 그 이전부터 목성의 운행을 관찰하면서 지구에서의 1년이라는 시간과의 관계를 설명해 왔다는 것을 의미한다. 그런데 앞에서 언급했듯이, 『춘추좌전』에서는 "세성(歲星)이 성기(星紀)에 있다."(歲在星紀), "세성(歲星)이 강루(降婁)에 있다."(歲在降婁) 등으로 그 해(연도)를 설명하고 있다. 말하자면 세성이 있는 십이차로서 바로 그 해를 나타낸 것이다. 이러한 방법이 『회남자』「천문훈」에서는 바뀌어 있다. 세성이 있는 십이지(십이차)의 대칭되는 곳(태음)에 있는 십이지(십이차)로 그 해를 나타내고, 그 해의 이름(歲名)까지도 정해져 있다. 세성과 십이차의 관계만으로 그 해를 나타낼 경우는 시작점을 정할 기준도 없고 꼭 정해야 할 필요도 없을 것이다. 그렇지만 태음이란 움직임을 1년의 해석에 넣게 될 때, 태음의 세계의 특징을 고려하지 않을 수가 없었다고 할 수 있다. 따라서 세성이 태음과의 관련 속에서 그 대칭의 시작점이 의미를 가지게 되었다고 충분히 이해할 수 있다. 또한 섭제격 등의 해의 이름이 『여씨춘추』(呂氏春秋) 이전의 자료에서는 찾아볼 수가 없는데, 이러한 사실도 세성과 태음의 관계에 그 이유가 있다고 생각한다.[26] 앞의 「천문훈」의 '태음이 인(寅)에 있을 때, 그 해를 이름하여 섭제격(攝提格)이라고 한다.'는 인용문을 보면, 태음이 '인'에 있는 것을 근거로 하여 섭제격이라고 하고 있다. 말하자면 섭제

---

26 『여씨춘추』에서는 「季冬紀」〈序意〉의 "維秦八年, 歲在涒灘, 秋, 甲子朔, 朔之日, 良人請問十二紀."에서 '군탄'(涒灘)이라는 歲名을 사용하고 있는 것을 볼 수 있다.

격 등의 해의 이름은 태음을 중심으로 해서 말하고 있는 것이 된다.

　이상으로 보면 1년을 설명하는 방법이 세성과 십이차의 관계에서 세성과 태음의 관계로의 변화가 가지는 의미는 굉장히 크다고 할 수 있다. 이러한 설명 방법의 변화는 전적의 자료를 근거로 한다면 춘추시대 말기에서 전국시대 말기에 걸쳐서 이루어졌다고 할 수 있다. 지상세계의 변화의 전체의 틀인 1년의 순환을 세성과 태음의 관계에서 양과 음의 작용으로 설명했다는 것은, 그 이후의 사상계가 음양의 세계로 변화할 수밖에 없다는 것을 의미하고 있다. 이 세성과 태음을 양과 음의 관계로 설명하는 배경에는 28수가 있다. 이러한 사실로부터 28수에 대해서도 세성과 태음의 관계에 맞추어 설명할 가능성이 있음을 짐작할 수 있다. 앞에서 인용한 『회남자』 「천문훈」에 '태음(太陰)이 사중(四仲)에 있을 때는 세성이 (28수 중의) 3수(三宿)를 운행하고, 태음이 사구(四鉤)에 있을 때는 세성이 2수(二宿)를 운행한다.'라는 말이 있고, 태음과 세성과 28수의 관계를 정리하여 설명하고 있음을 볼 수 있다. 그런데 이 「천문훈」에서의 세성과 28수의 관계를 보면, 앞의 〈표 5〉에서 보는 것과 같은, 『한서』 「율력지」에서의 십이차와 28수의 관계와는 조금 차이가 있음을 볼 수 있다. 『한서』 「율력지」에서는 두 개의 십이차(십이지)에 걸쳐서 28수가 인정되는 경우가 있는데, 『회남자』 「천문훈」에서는 태음이 사중(四仲)에 있을 때와 사구(四鉤)에 있을 때를 정확하게 구분하여 세성이 28수를 운행한다고 하고 있다.[27] 사중(四仲)은 동(卯)ㆍ서(酉)ㆍ남(午)ㆍ북(子)이고, 사구(四鉤)는 동북(丑ㆍ寅)ㆍ동남(辰ㆍ巳)ㆍ서남(未ㆍ申)ㆍ서북(戌ㆍ亥)인데,[28] 이 12의 공간을 세성이 규칙적으로 정확하게 운행한다고 함으로써, 천상세계의 법칙으로의 해석이 가능했다고 할 수 있다. 일찍부터 목성(세성)을 관찰했다면, 목성이 십이차(십이지)의 공간에서 만나는 28수가 어느 정도 『한서』「율력지」의 기록과 같다는 것도 알고 있었는지도 모른다. 어쨌든 『회남자』「천문훈」에서는 태음과 세성과 28수의 관계를 하나의 법칙에 의한 것으로 해석하고자 하고 있음을 엿볼 수 있고, 그렇기 때문에 설령 『한서』「율력지」의 기록과 같은 사실을 알았다고 해도 천상세계의 법칙으로의 믿음이 더 강하게 작용했는지도 모른다.

28수를 운행하는 목성을 세성이라는 개념으로 받아들이고 또 태음의 존재를 설정하고 천상세계를 음양의 작용으로 해석했다는 것은, 천상의 별의 세계가 단순한 별들의 공간이 아니라 지상세계의 근원으로서의 의미를 가지는 세계가 됨을 의미한다.

---

27 『史記』「天官書」에서도 『淮南子』「天文訓」에서와 같은 입장을 볼 수 있다.

28 『淮南子』「天文訓」: 子午, 卯酉爲二繩, 丑寅, 辰巳, 未申, 戌亥爲四鉤.

2. 열두 달, 계절(四時)과 관련된 원리의 성립

1) 열두 달과 관련된 원리의 성립

1년이라는 시간의 순환이 천상세계의 법칙으로 설명이 된다는 것은, 1년 안의 계절이나 열두 달도 그러한 법칙 안에서 설명이 가능하다는 것을 의미한다.[29] 앞서 2절의 「열두 달의 해석」에서 열두 달에 대한 두 가지 방법의 해석을 살펴보았다. 『여씨춘추』나 『예기』에서의 해석은 해(日)와 28수의 관련성을 근거로 열두 달을 설명하고 있다. 그런데 열두 달의 근거를 세성이 순환하는 28수(십이차)에서 찾고 있는 것은 사실이지만, 해(日)와 세성의 직접적 관련성을 통해서 설명하고 있는 것은 아니다. 해와 28수의 관계는 세성과 28수의 관계와 조금 차이가 있다. 세성과 28수의 관계의 경우는 대칭의 선이 축·인(丑·寅)과 미·신(未·申) 사이에 있지만, 해와 28수의 관계의 경우는 대칭의 선이 자·축(子·丑)과 오·미(午·未) 사이에 있다. 이러한 28수와의 관계에 있는 차이와 관련하여 해석에 변화가 보이는 점도 있는데 여기에 대해서는 뒤에서 설명하도록 하겠다. 이 『여

---

29 『서경』「홍범」에서 네 번째로 〈五紀〉를 이야기할 때 그 순서가 '歲' '月' '日'로 되어 있는 것에 대해서 『상서정의』에서는, "歲는 月을 거느리고, 月은 日을 거느리기"(歲統月, 月統日) 때문이라고 하여, 歲는 시간과의 관련 속에서 月과 日의 시간이 있을 수 있음을 언급하고 있다.

씨춘추』나 『예기』에서의 해석은, 십이지로 나타내는 열두 달에서 본다면, 그 대칭되는 쪽에 있는 해와 28수의 관계에 의한 해석이 된다. 해는 28수를 서에서 동으로 이동하지만, 지구와의 관계에서 보면 그 해의 움직임은 동에서 서로 움직이는 것이 된다. 그래서 해와 28수의 관계를 보지 않고 지상에서 해의 움직임만 본다면, 28수를 동에서 서로 역행하는 것처럼 보인다. 그렇기 때문에 이 해와 28수의 관계에 의한 해석이 실제로 열두 달의 움직임을 가져오게 되는 천상의 법칙이라고 해도 지상에서 느끼는 변화를 무시할 수는 없었을 것이다. 그래서 지상에서 느끼게 되는 십이지 방향으로 열두 달을 설명하려는 구체적 상황이 보이지는 않지만, 그것을 언젠가는 해결해야 할 과제로 삼고 있었다는 것은, 『회남자』에서의 설명을 통해서 충분히 추측할 수 있다.

『회남자』에서는 초요(招搖), 즉 두건(斗建)이 가리키는 십이지로 열두 달을 나타내고 있다. 이 십이지의 순서는 지상에서 보는 해의 움직임의 방향이 된다. 이 두건과 십이지의 관계는 지상에서 경험하는 열두 달의 근거를 찾은 결과라고 할 수 있다. 그렇지만 해와 28수의 관계를 통해서 설명하는 방식을 배제한 것은 아니다. 해 질 무렵과 해 뜰 무렵의 해와 28수의 관계로 열두 달을 설명하는 방식은 『여씨춘추』나 『예기』에서와 똑같은 방식을 취하고 있다. 이러한 사실로부터 당시의 천상세계의 해석에서 28수는 빠뜨릴 수 없는 존재였다는 것을 알 수 있다. 해와 28수의 관계를 근거로 하면서 또한 지상에서 경험하는 열두 달의 근거를 두건과 십이지의 관계에서 찾았다고 하는 것이다. 이러한 해석의 단계에 이르면 지상세계의 열두 달도 천상세계의 움직임(법칙)을 근거로 해서 존재한다고 이야기할 수 있게 된다.

그렇다면 1년이란 시간 속의 열두 달은 어떻게 설명할 수 있는가. 말하자면 1년의 법칙과 열두 달의 법칙은 어떠한 관계에 있는가 하는 것이다. 여기에 대해서는 28수를 바탕으로 하여 그 관계를 생각하고 있었다고 보인다. 28수라는 틀 위에서 세성의 움직임과 해의 움직임이라는 관계가 된다. 말하자면 28수의 12등분한 구간(십이차)을 세성과 해가 각각 주어진 자신의 법칙에 따라 이동함으로써 지상세계의 1년과 열두 달의 시간이 흐르면서 순환하는 관계라는 것이다. 비유하자면 시계의 시침과 분침의 관계로 볼 수 있다. 28수(십이차)를 해가 일주하는 동안 세성이 십이차의 한 구간을 이동하는 관계이다. 이러한 해석에서 본다면 1년과 열두 달에 관한 천상세계와 지상세계의 관계에 대한 설명은 충분한 것처럼 보이는데,『회남자』에서는 열두 달의 법칙에 대해서 또 달리 두건과 십이지의 관계를 제시하고 있는 것이다. 그 이유는 지상에서 경험하는 열두 달의 근거를 찾은 결과라는 것을 살펴봤다. 북두칠성의 두건을 열두 달의 또 하나의 법칙으로 해석한 것이다. 이 두건과 십이지의 관계는 해와 28수의 관계와 서로 대칭되는 지점에서 열두 달을 나타내는 법칙이 된다.

열두 달을 나타내는 법칙을 두 가지로 설명한 것과 관련하여 조금 더 생각해 봐야 할 문제가 있다. 두 가지 법칙은, 십이지로 나타낸다면, 자·축(子·丑)과 오·미(午·未) 사이의 선을 중심으로 서로 대칭되는 지점을 열두 달로 나타낸다. 정확하게 말하면, 해와 28수의 관계는 '해'부터 시작하여 '술→유→신'으로 이동하면서 열두 달을 나타내는 법칙이고, 두건과 십이지의 관계는 '인'부터 시작하여 '묘→진→사'의 방향으로 이동하면서 열두 달을 나타내는 법칙이다. 1년의 법칙인 세성과 28수의 관계에서 본다면 해와 28수의 관계를 실제의 열두 달의 법칙으로 생각했는지도 모른다. 해와 달이 만나는 곳이 십이차이고, 또한 지상세계의 시간에 더 관여하고 있는 것도 북두칠성보다는 해가 된다. 이렇게 보면 세성과 태음의 관계가 이 두 가지 열두 달을 나타내는 법칙에도 적용되고 있지 않을까 한다. 말하자면 세성과 태음을 양과 음의 관계로 보듯이, 해와 28수의 관계를 양(陽)의 법칙으로, 두건과 십이지의 관계를 음(陰)의 법칙으로 보고 있다고 할 수도 있다. 두건과 십이지의 관계는 지상세계의 입장에서의 변화를 설명하는 것이고, 그래서 천상세계의 입장에서 이 십이지의 방향을 음의 세계의 방향으로 간주할 수 있었다는 것이다. 그리고 사실은 오히려 세성에 대한 태음의 존재가 이러한 생각에 근거하고 있다고 할 수 있다. 또한 열두 달의 순환에 대해서도 음양의 관점에서 해석하고 있는데 여기에 대해서는 다음 장에서 설명하고 있다.

1년과 열두 달의 법칙에 양과 음의 관계가 있음을 보았는데, 이 양과 음의 관계는 십이지에서 대칭의 선을 기준으로 하는 대칭관계가 된다. 그런데 앞서 언급했듯이 1년과 열두 달의 법칙에서 대칭의 선에 차이가 있다. 1년의 법칙(세성과 28수의 관계)은 축ㆍ인(丑·寅)과 미ㆍ신(未·申) 사이, 열두 달의 법칙(해와 28수의 관계)은 자ㆍ축(子·丑)과 오ㆍ미(午·未) 사이라는 차이가 있다. 『여씨춘추』나 『회남자』의 자료에서는 이러한 차이가 보이고 있고, 특히 『회남자』에서는 이러한 사실을 정확히 언급하고 있다.

> 태음이 인(寅)에 있을 때, 그 해를 이름하여 섭제격(攝提格)이라고 한다. 그 웅(雄)은 세성이고 (28수 중의) 두(斗)와 견우(牽牛)에 있고, 11월에 이와 함께 새벽녘 동방(東方)에 나타난다. (28수 중의) 동정(東井)과 여귀(輿鬼)가 맞은편에 있다.[30]

『회남자』「천문훈」에는 이와 같이, 태음과 십이지의 관계, 그 해의 이름, 세성과 28수의 관계, 어느 달에 세성과 28수가 새벽녘 동방에 나타나는지, 그리고 그 맞은편의 28수의 순서로, 인(寅)부터 십이지의 순서에 따라 설명하고 있다. 이 인용문에서 보면, 인(寅)의 해인 섭제격은 세성이 28수의 두(斗)와 견우(牽牛)에 있고, 세성은

---

30 『淮南子』「天文訓」: 太陰在寅, 歲名曰攝提格. 其雄爲歲星, 舍斗·牽牛, 以十一月與之晨出東方. 東井·輿鬼爲對.

음양오행으로 읽는 세계

이 두(斗)·견우(牽牛)와 함께 11월의 새벽녘에 동방에 나타난다고 하고 있다. 두와 견우가 나타나는 방향은 축(丑)인데 해는 인(寅)의 해가 되고 달은 자(子)의 달이 된다. 여기서 해(年)와 달(月)이 다른 것은 바로 1년과 열두 달을 나타내는 법칙에서 그 대칭의 선이 다르기 때문이다. 그래서 앞의 〈표 5〉와 〈표 6〉에서 보는 것처럼, 같은 28수에 대해서 두건이 가리키는(열두 달) 십이지와 태음(1년)의 십이지가 다른 것이다. 그런데 여기서 한 가지 언급을 필요로 하는 사실이 있다. 지금의 「천문훈」의 설명에 '세성이 28수의 두(斗)·견우(牽牛)와 함께 11월의 새벽녘 동방에 나타난다'고 하는 설명이 있다. 그런데 앞서의 〈표 3〉의 『여씨춘추』나 〈표 4〉의 『회남자』 「시칙훈」의 설명을 보면, 열두 달의 법칙을 해와 28수의 관계에서 설명하면서 '해가 뜰 때'의 경우는 '남방의 중앙에 있는 28수'를 기준으로 하고 있다. 「천문훈」과 『여씨춘추』나 『회남자』 「시칙훈」의 설명 방식이 다른 것이다. 그렇지만 「천문훈」의 설명이 잘못된 것은 아니다. 〈표 3〉이나 〈표 4〉에 의하면 11월의 해가 뜰 무렵에 남방의 중앙에 있는 28수는 진(軫)인데, 〈표 7〉에서 보듯이 두(斗)·견우(牽牛)는 진(軫)보다 사실 동쪽에 있기 때문에, 11월의 새벽녘 동쪽에 나타난다고 할 수 있다. 그렇다면 「천문훈」에서는 왜 「시칙훈」 등과는 다른 이러한 방식으로 설명하고 있는 것일까. 그것은 지금의 「천문훈」의 내용이 12년의 각각의 해를 설명하는 부분이기 때문에, 1년을 나타내는 세성에 초점을 맞추어 그 28수가 있는 달을 설명한 결과라고 생각한다. 『사기』

(史記) 「천관서」(天官書)에서도 이 「천문훈」과 같은 방식으로 설명을 하고 있다.

〈표 7〉

	서북		규 벽 영실 위	위 허 무녀	무녀 견우 두		북동	
			해	자	축			
규 위 루	술		북			인	기 두 미	
위 묘 필	유	서	세성과 28수		동	묘	심 미 방 저	
필 자휴 삼 정	신		남			진	항 저 진 각	
	서남		미	오	사		남동	
			정 귀 류	류 성 장	장 익 진			

(※ 이 표는 『한서』 「율력지」를 참고한 것이고, 음영으로 처리한 것을 제외한 별자리가 28수의 동서남북 각 방위의 7수이다.)

음양오행으로 읽는 세계

『사기』「천관서」에서는 "섭제격의 해에는 세음(歲陰·태음)이 왼쪽으로 운행하여 인(寅)에 있고, 세성은 오른쪽으로 운행하여 축(丑)에 있다. 정월에 두(斗)·견우(牽牛)와 함께 새벽에 동방에 나타나고, 이름을 감덕(監德)이라고 한다"[31]라는 방식으로 해와 세성과 달과 28수의 관계를 말하고 있다. 이 「천관서」의 설명은 『회남자』「천문훈」의 내용과 거의 같은데, 두(斗)·견우(牽牛)가 새벽녘 동방에 나타나는 달이 11월이 아닌 정월(1월)로 되어 있다. 『한서』(漢書) 「천문지」(天文志)에도 『사기』「천관서」와 같은 내용이 기록되어 있다.[32] 『사기』「천관서」와 『한서』「천문지」에서는 왜 두(斗)·견우(牽牛)가 1월에 나타난다고 하고 있을까. 『회남자』「천문훈」의 기록이 잘못된 것인가. 『사기』「천관서」와 『한서』「천문지」의 기록이 관찰을 통해서 새롭게 바뀐 천문학적 지식이라면 그렇게 문제 삼을 것도 없지만, 같은 『한서』의 「율력지」에는, 〈표 5〉에서 보듯이, 십이차와 28수의 관계를 언급하면서, 성기(星紀)에 두와 견우를 넣고 11월로 이야기하고 있는 것이다. 그래서 새로운 천문학적 지식의 등장이라고도 말하기 어렵다. 그렇다면 『사기』「천관서」와 『한서』「천문지」에서 두와 견우를 1월에 나타난다고 한 것은 어떻게 설명해야 할까. 앞서 『회남자』「천문훈」

---

31 『사기』「천관서」: 以攝提格歲, 歲陰左行在寅, 歲星右轉居丑. 正月, 與斗·牽牛晨出東方, 名曰監德.

32 『한서』「천문지」: 太歲在寅曰攝提格. 歲星正月晨出東方, 石氏曰名監德, 在斗·牽牛. 失次, 杓, 早水, 晚旱. 甘氏在建星·婺女. 太初曆在營室·東壁. ※甘氏와 太初曆은 정월의 28수가 다르다고 하고 있다. 『여씨춘추』나 『회남자』의 경우는 太初曆에 해당한다.

에서 세성과 두·견우가 11월의 새벽녘 동방에 나타난다고 하는 것에 대해서, 세성에 초점을 맞추어 그 28수가 있는 달을 설명한 결과일 것이라고 했는데, 『사기』「천관서」와 『한서』「천문지」의 기록도 그러한 관점에서 이해할 수 있지 않을까 한다. 말하자면 세성에 초점을 맞추어 세성과 십이지의 관계를 열두 달에도 그대로 적용시켜 이해하고자 한 것이 아닐까 하는 것이다. 또한 그 설명이 완전히 잘못되었다고도 말할 수가 없다. 〈표 3〉에서 보면 1월의 해 뜰 무렵의 남방 중앙에 있는 28수가 미(尾)인데, 〈표 7〉에서 보듯이 두와 견우는 미(尾)의 동방에 있는 별자리이기 때문이다.

어쨌든 『회남자』「천문훈」이나 『사기』「천관서」와 『한서』「천문지」의 기록에 대해서는 이상의 설명 정도로 이해할 수밖에 없다. 그런데 이러한 기록을 통해서 다음과 같은 사실을 읽을 수 있다. 『회남자』「천문훈」의 경우는 1년의 법칙과 열두 달의 법칙을 구분하여 설명하고 있지만 『사기』「천관서」나 『한서』「천문지」의 경우는 그렇지 않다. 『사기』「천관서」나 『한서』「천문지」의 경우는 세성에 맞추어 달을 설명하고 있기 때문에 결국은 열두 달의 법칙에서의 자·축(子·丑)과 오·미(午·未) 사이의 대칭의 선이 무시되고 있다. 말하자면 세성이 축(두·견우)에 있을 때가 인의 해(섭제격)가 되고 1월이 되어, 열두 달의 법칙도 1년의 법칙을 따라 축·인(丑·寅)과 미·신(未·申) 사이를 대칭의 선으로 하고 있는 것이다. 물론 이러한 해석이 가능하기는 하다. 그러나 해와 28수의 관계나 두건과 십이지의 관계에 의한

음양오행으로 읽는 세계

다면 열두 달의 대칭의 선은 자 · 축(子·丑)과 오 · 미(午·未) 사이가 될 수밖에 없다. 또한 이 열두 달의 시작인 인(寅)에 근거하여 해(연도)의 시작도 인의 해(섭제격)로 하고 있다. 그런데도 세성에 맞추어 열두 달을 설명하는 것은 믿음에 의한 관점의 역전이라고도 할 수 있다. 1년의 법칙이 열두 달의 법칙에 영향을 받고는 있지만, 1년 안의 열두 달이라는 생각이 1년의 법칙에 근거한 열두 달의 해석을 가능하게 했다는 것이다.

2) 계절과 관련된 원리의 성립

동아시아 지역에서는 춘하추동 4계절의 특징이 뚜렷이 나타나기 때문에 일찍부터 이 4계절을 생활의 큰 틀로 받아들이고 있었다. 『시경』(詩經)이나 『서경』(書經) 등의 고전을 통해서 확인할 수 있는 사실이지만, 특히 『춘추』(春秋)를 보면 '년, 계절, 월, 일'로 그 시간을 분명히 기록하고 있다. 여기서 보면 계절이 1년 안에서 특징적인 시간으로 그려지고 있고, 또한 단순히 열두 달의 내용을 분류한 것도 아닌 것을 알 수 있다. 『여씨춘추』 등에서 열두 달을 춘하추동(春夏秋冬)의 맹(孟) · 중(仲) · 계(季)로 부르고 있는 것을 보면, 열두 달의 상위 개념으로 계절을 다루고 있었다고 할 수 있다. 그렇기 때문에 1년의 법칙이 설명되고 열두 달의 법칙이 설명되게 되면 이 계절도 그 나름의 법칙을 필요로 하게 된다.

앞에서 『회남자』 「천문훈」의 내용으로, 태음이 사중(四仲:정동·정서·정남·정북)에 있을 때는 세성이 28수 중의 3수(宿)를 운행하고, 태음이 사구(四鉤:동북·동남·서남·서북)에 있을 때는 세성이 2수(宿)를 운행한다라는 말을 소개했다. 이것은 태음과 세성과 28수의 관계에 대한 설명인데, 12년에 28수를 운행하는 법칙을 정확하게 밝히고 있는 것이다. 동서남북으로 나누어 보면, 〈표 7〉에서 확인할 수 있듯이, 동서남북의 각 방위에서 7수(宿)를 운행하고, 십이지의 위치로 보면 각 방위에서 2수·3수·2수를 운행하게 된다. 이러한 각 방위에서의 세성과 28수에 관한 법칙에서 계절의 법칙을 읽을 수 있다. 그런데 사실은 이 각 방위에서 세성이 28수를 운행하는 법칙은 1년 단위에 관련되는 설명이고, 1년의 내용과는 관계가 없다. 그렇지만 28수라는 천상세계에서의 세성의 일주를 방위라는 측면에서 볼 때, 하나의 방위에서의 운행이 네 번 반복되어 전체가 된다. 12년 걸리는 세성의 일주와 관계없이, 그 전체와 각 방위의 관계를 1년의 내용에 적용한다면 계절에 대한 설명이 된다. 1년의 내용에서 각 방위는 계절이고, 각 계절은 맹(孟)·중(仲)·계(季)의 내용이 반복되고 있다. 이렇게 보면 1년과 계절의 관계는 천상세계의 세성이 운행하는 법칙의 축소판으로 볼 수 있다.

세성이 운행하는 28수를 동서남북으로 나누어 설명하고 있지만 여기에는 계절의 의미가 없다. 계절은 해와 28수의 관계에서 생

음양오행으로 읽는 세계

기게 되는데, 이 계절은 또한 방위와도 관계를 가지게 된다. 『관자』
(管子) 「사시」(四時)에서 동남서북의 방위에 대응하는 시기를 춘하추동
으로 정리하고 있다.[33] 여기서의 방위는 세성이 운행할 때의 방위이
다. 또한 『회남자』「천문훈」에서는 방위와 계절과 28수의 관계를 다
음과 같이 설명하고 있다.

> 진성(辰星:수성)은 사시(四時)를 정확하게 해 준다. 항상 2월
> 춘분에 규(奎)·루(婁)에 나타나고, 5월 하지에 동정(東井)·여
> 귀(輿鬼)에 나타나고, 8월 추분에 각(角)·항(亢)에 나타나고,
> 11월 동지에 두(斗)·견우(牽牛)에 나타난다. 나오는 것은 진
> (辰)과 술(戌)의 방향이고, 들어가는 것은 축(丑)과 미(未)의 방
> 향이다. 나와서 20일 만에 들어간다. 새벽에는 동쪽에서 관
> 측되고 저녁에는 서쪽에서 관측된다. 일시(一時:한 계절)에 나
> 타나지 않으면 그 계절은 조화롭지 않고, 사시(四時)에 나타
> 나지 않으면 천하가 큰 흉년이 든다.[34]

----

33 『관자』「사시」에서 "東方曰星, 其時曰春", "南方曰日, 其時曰夏", "西方曰辰, 其時
曰秋", "北方曰月, 其時曰冬"이라고 하여 동남서북을 각각 '星·日·辰·月'이라고 하면서 그
때를 춘하추동이라고 하고 있다.

34 『회남자』「천문훈」: 辰星正四時. 常以二月春分效奎婁, 以五月夏至效東井輿鬼, 以
八月秋分效角亢, 以十一月冬至效斗牽牛. 出以辰戌, 入以丑未. 出二旬而入. 晨候之東
方, 夕候之西方. 一時不出, 其時不和, 四時不出, 天下大饑. ※원본에는 '效奎婁'와 '以五
月夏至' 사이에 '以五月下' 네 글자가 있는데, 北宋本·道藏本에 의거하여 삭제했다.

수성과 28수의 관계를 통해서 4계절의 순환을 설명하고 있다. 이러한 설명은 28수를 네 방위로 나누고 각 방위에 대응하는 계절을 기본적인 전제로 하고 있다. 이러한 전제 위에서 수성의 역할로서 4계절을 정확히 밝히고 있다는 사실을 언급하고 있다. 수성이 4계절을 밝히는 방법은, 계절의 중심인 춘분·하지·추분·동지에 각각에 해당하는 28수에 나타남으로써 각 계절을 정확히 밝힌다는 것이다. 이러한 해석은 결국 계절로서의 나타남도 천상세계에 달려 있고, 수성의 나타남이 계절에 관여하고 있음을 말하는 것이 된다. 따라서 1년 안의 계절이란 천상세계에 대응하여 존재하고, 단순한 열두 달의 분류가 아니게 된다. 오히려 이 계절의 부분으로 열두 달이 있는 것이 된다. 이 계절을 음양 등과의 관계에서 천지의 법칙으로 설명하기도 하는데 여기에 대해서는 다음 장에서 자세하게 설명하고 있다.

음양오행으로 읽는 세계

3. 원리로서의 천상세계

1) 공간의 원리

천상세계가 지상세계의 근원이라는 믿음을 가지고, 별들의 세계와 해, 달 등의 움직임을 통해서 지상세계의 시간을 설명하면서, 좀 더 구체적으로 지상세계의 근원으로서 천상세계를 믿을 수 있게 되었다. 그런데 천상세계가 지상세계의 근원이라고 하는 믿음은 당연히 시간과 공간 전체에 걸쳐서의 믿음이 된다. 따라서 시간적 측면에서의 믿음이 더욱 경험적인 근거를 가지게 될 때 공간적인 측면에서의 믿음도 더욱 구체화될 수 있는 가능성을 가지게 되었다고 할 수 있다.

지상세계의 시간적 측면에서의 근거는 천상세계의 28수를 중심으로 설명되고 있다. 이러한 점에서 본다면 지상세계의 공간도 그 근거를 28수에서 찾았다고 할 수 있다. 『여씨춘추』「유시람」(有始覽)을 보면 "천에 구야(九野)가 있고, 지상(地)에 구주(九州)가 있다."(天有九野, 地有九州)라고 하여, 천상의 구야(九野)와 지상의 구주(九州)를 대응시키고 있다. 여기서의 구야(九野)는 천상의 28수를 아홉 방위로 나눈 것이다. 『여씨춘추』「유시람」에서 이야기하고 있는 구야(九野)와 28수의 관계는 다음의 〈표 8〉과 같다.

〈표 8〉『여씨춘추』「유시람」의 구야(九野)와 28수의 관계[35]

방위	중앙	동방	동북	북방	서북	서방	서남	남방	동남
구야	균천 鈞天	창천 蒼天	변천 變天	현천 玄天	유천 幽天	호천 顥天	주천 朱天	염천 炎天	양천 陽天
28수	각 항 저	방 심 미	기 두 견우	무녀 허,위, 영실	동벽 규 루	위 묘 필	자휴 삼 동정	여귀 류 칠성	장 익 진

28수를 천상세계의 전체 범위로 간주하고, 그것을 중앙과 여덟 방위로 나누고 있는 것이 『여씨춘추』「유시람」의 구야론(九野論)이다. 이러한 천상세계의 구야(九野)에 대응하여 지상세계의 구주(九州)를 「유시람」에서는 〈표 9〉와 같이 이야기하고 있다.

---

35   何謂九野, 中央曰鈞天, 其星角亢氏. 東方曰蒼天, 其星房心尾. 東北曰變天, 其星箕斗牽牛. 北方曰玄天, 其星婺女虛危營室. 西北曰幽天, 其星東壁奎婁. 西方曰顥天, 其星胃昴畢. 西南曰朱天, 其星觜嶲參東井. 南方曰炎天, 其星輿鬼柳七星. 東南曰陽天, 其星張翼軫.

음양오행으로 읽는 세계

<표 9> 『여씨춘추』 「유시람」의 구주(九州)[36]

위치	하한 (河漢) 사이	양하 (兩河) 사이	하제 (河濟) 사이	동방	사상 泗上	동남	남방	서방	북방
구주	예주 豫州	기주 冀州	연주 兗州	청주 青州	서주 徐州	양주 揚州	형주 荆州	옹주 雍州	유주 幽州
나라	주周	진晉	위衛	제齊	노魯	월越	초楚	진秦	연燕

　　구야(九野)의 경우는 28수를 아홉 방위로 나누어 정확하게 설명하고 있지만, 구주(九州)에 대한 설명은 그 위치를 정확하게 방위로 제시하지 않고 있다. 그리고 구야(九野)와 구주(九州)를 대응하는 형태로 설정은 하고 있지만, 28수를 중심으로 한 구체적인 설명은 보이지 않는다. 구야(九野)와 구주(九州)를 구체적으로 28수와 관련하여 설명하는 것은 『회남자』에서 나타나고 있다. 이러한 사실은 적어도 『회남자』가 편찬되기까지는, 지상세계의 공간의 근원이 천상세계라는 사실이 일반적으로 인정되고 있었고, 또한 그 설명은 28수를 근거로 하고 있었다는 것을 말하는 것이 된다. 그런데 지상세계를 구주(九州)로 구분한 것은 『상서』 「우공」(禹貢)에도 나타나고 있다.[37] 또

36　何謂九州. 河漢之間爲豫州, 周也. 兩河之間爲冀州, 晉也. 河濟之間爲兗州, 衛也. 東方爲青州, 齊也. 泗上爲徐州, 魯也. 東南爲揚州, 越也. 南方爲荆州, 楚也. 西方爲雍州, 秦也. 北方爲幽州, 燕也.

37　『상서』 「우공」에서는 산과 강을 중심으로 冀州, 兗州, 青州, 徐州, 揚州, 荆州, 豫州, 梁州, 雍州로 구분하고 있다. 『여씨춘추』 「유시람」의 구주(九州)와는 팔주(八州)가 같고, 「우

한 천상세계와 지상세계의 공간적 측면에서의 관계는, 『국어』(國語) 「진어4」(晉語四)의 '실침(實沈)의 별자리는 진(晉)나라 사람들이 거처한 다'[38]라는 말을 통해, 일찍부터 그러한 관계를 생각하고 있었다는 것을 알 수 있지만, 구체적인 설명을 통해 천상세계와 지상세계의 공간적 측면의 관계를 설명하게 된 것은 『회남자』의 편찬에 이르러서이다.

『회남자』에서는 「천문훈」(天文訓)과 「지형훈」(墜形訓) 등에서 28수를 중심으로 천상세계와 지상세계의 공간의 관련성을 구체적으로 설명하고 있다. 천상을 아홉 방위로 구분하는 것은 『여씨춘추』 「유시람」에서의 구분과 같다. 그렇지만 구주(九州)에 대한 설명은 다르고, 28수와 나라를 대응시키는 설명은 『여씨춘추』에서는 찾아볼 수 없는 부분이다. 사실은 이 28수와 지상의 나라를 대응시켜 설명하는 부분이 바로 천상세계를 지상세계의 근원이라고 하는 구체적인 근거가 된다.

『회남자』의 「천문훈」과 「지형훈」에서 설명되고 있는 천상세계와 지상세계의 공간적 관계를 정리하면 다음의 〈표 10〉, 〈표 11〉과 같다.

공」의 '梁州'가 「유시람」에는 '幽州'로 되어 있는 것이 다를 뿐이다.

38 『國語』「晉語四」: 實沈之墟, 晉人是居, 所以興也.

음양오행으로 읽는 세계

〈표 10〉『회남자』「천문훈」·「지형훈」의 천상세계와 지상세계의 공간적 관계

방위	중앙	동방	동북	북방	서북	서방	서남	남방	동남
구야 九野	균천 鈞天	창천 蒼天	변천 變天	현천 玄天	유천 幽天	호천 顥天	주천 朱天	염천 炎天	양천 陽天
28수	각 항 저	방 심 미	기 두 견우	수녀 (須女), 허,위, 영실	동벽 규 루	위 묘 필	자휴 삼 동정	여귀 류 칠성	장 익 진
구주 九州	기주 冀州	양주 陽州	박주 薄州	제주 泲州	태주 台州	엄주 弇州	융주 戎州	차주 次州	신주 神州
구토 九土	중토 中土	신토 申土	은토 隱土	성토 成土	비토 肥土	병토 並土	도토 滔土	옥토 沃土	농토 農土

〈표 11〉『회남자』「천문훈」의 성부지명(星部地名)

28수	각, 항	저, 방, 심	미, 기	두, 견우	수녀 須女	허, 위	영실, 동벽	규, 루	위, 묘, 필	자휴, 삼	동정, 여귀	류, 칠성, 장	익, 진
지명	정 鄭	송 宋	연 燕	월 越	오 吳	제 齊	위 衛	노 魯	위 魏	조 趙	진 秦	주 周	초 楚

　　28수를 아홉 방위로 나누어 구야(九野)로 정하고, 거기에 대응하는 지상세계의 구주(九州)와 구토(九土)를 설명하고, 또한 28수와 나라를 대응시키고 있는 것을 볼 수 있다. 28수와 지상의 나라를 대응시키는 것은 비록 구야(九野)의 틀을 벗어나 13으로 나누고 있지만,

지상세계의 공간의 근원은 천상의 28수에 있다고 하는 구체적인 해석이 된다. 『회남자』의 이러한 설명에 이르러 지상세계의 시간뿐만 아니라 공간도 그 근원을 천상세계의 구체적인 모습으로 설명할 수 있게 되었다.

이러한 지상세계의 근원이 천상세계에 있다고 하는 생각은 한대(漢代)의 일반적인 사고방식이 되고 관점에 따른 여러 해석을 낳게 된다. 『춘추번로』(春秋繁露)의 경우는 뒤에서 살펴보겠지만, 여기서는 왕충(王充)이 해석하는 천상세계와 지상세계의 관계를 통해서 그러한 한대(漢代)의 일반적인 사고방식을 살펴보고자 한다. 왕충은 『논형』의 「명의」(命義)에서 천상세계와 지상세계의 관계를 다음과 같이 설명하고 있다.

국가의 운명은 뭇별(衆星)에 달려 있다. 천에 늘어선 별들(列宿)에 길흉이 있음에 국가에 화복이 있다. 뭇별이 추이(推移)함에 사람에게 성쇠가 있다. … 부귀의 경우는, 받는 것은 성(性)과 같지만 그 받는 바의 기(氣)는 뭇별의 정(精)을 얻어 있는 것이다. 뭇별은 천에 있고 천에는 그들의 상(象)이 있다. 부귀의 상을 얻으면 부귀하게 되고, 빈천의 상을 얻으면 빈천하게 된다. 그런 까닭에 '(부귀는) 천에 있다'고 하는 것이다. 천에 있다고 하는 것은 어떠한 것인가. 천에는 백관(百官)이 있고 뭇별이 있다. 천이 기를 베풀어서 뭇별이 정(精)

을 유포하게 되지만, 천이 베푸는 기는 뭇별의 기를 그 가운데에 가지고 있다. 사람은 기를 받아서 나고 기를 품고서 성장하는데, 귀한 기를 얻으면 귀하게 되고 천한 기를 얻으면 천하게 된다. 같은 귀(貴)라고 해도 차례에 높고 낮음이 있고, 같은 부(富)라고 해도 자산에 많고 적음이 있지만, 이들은 전부 별의 지위의 존비(尊卑) 소대(小大)에 의해서 수여되는 것이다. 그러므로 천에 백관이 있고 천에 뭇별이 있고, 지상에 만민(萬民)·오제삼왕(五帝三王)의 정(精)이 있다. 천에 왕량(王梁)·조보(造父)가 있고 사람에게 역시 그러한 사람이 있고, 그러한 기를 받는 까닭으로 말을 모는데 교묘하다.[39]

지상세계의 국가의 운명이라든가 인간사회의 부귀빈천이나 재능 등은 천상세계의 뭇별을 그 근거로 하고 있는 것으로서 해석하고 있다. 천상세계의 모습을 지상세계와 똑같은 모습으로 해석하고, 지상세계가 천상세계에 대응하여 존재하고 있음을 이야기하고 있다. 이러한 왕충의 이론은 '천지대응설'이라고 할 수 있다.[40] 왕충의 관점

---

39 「논형」「命義」: 國命繫於眾星. 列宿吉凶, 國有禍福. 眾星推移, 人有盛衰. … 至於富貴, 所稟猶性. 所稟之氣, 得眾星之精. 眾星在天, 天有其象. 得富貴象則富貴, 得貧賤象則貧賤, 故曰在天. 在天如何. 天有百官, 有眾星. 天施氣而眾星布精. 天所施氣, 眾星之氣在其中矣. 人稟氣而生, 舍氣而長, 得貴則貴, 得賤則賤. 貴或秩有高下, 富或貲有多少, 皆星位尊卑小大之所授也. 故天有百官, 天有眾星, 地有萬民五帝三王之精. 天有王梁造父, 人亦有之, 稟受其氣, 故巧於御.

40 졸저 『왕충이 해석하는 기의 세계』(맑은샘, 2021.12), 「천론」 참조.

에 의한 천상세계와 지상세계의 관계에 관한 설명이 되겠다.

2) 원리의 정점으로서의 북극성(北極星)

『논어』「위정」(爲政)에 '덕으로 정치를 하는 것은 북극성이 제자리에 가만히 있어도 뭇별이 그곳을 향하여 도는 것과 같다'[41]라는 말이 있다. 이 말을 통해 볼 때 일찍부터 별들의 움직임을 관찰하면서 북극성과 그 주변의 별들의 움직임에 대한 정보를 얻고 있었음을 알 수 있다. 그리고 그러한 정보를 통해서 인간사회를 이해하고자 하고 있음을 볼 수 있다. 여기서 북극성이라는 별에 대해서 인간사회의 군주와 같은 의미 부여를 볼 수는 있지만, 그러나 이러한 해석에서는 아직 『여씨춘추』나 『회남자』에서 보는 것과 같은 법칙으로서의 천상세계의 모습은 볼 수가 없다. 그렇다면 천상세계의 움직임을 법칙으로 설명하면서 지상세계의 원리로 이해하게 되었을 때, 북극성에 대한 해석은 어떻게 바뀌었을까.

지상세계의 시간과 공간의 원리를 천상세계의 법칙을 통해서 구체적으로 설명하고 있는 『회남자』에서 북극성에 대한 새로운 해석을 볼 수 있다. 『회남자』「천문훈」에 "자궁(紫宮)은 태일(太一)의 거처이다. ⋯ 자궁(紫宮)은 북두(北斗)를 잡고 왼쪽으로 회전시킨다. (북두는)

---

41 『논어』「위정」: 子曰, 爲政以德, 譬如北辰, 居其所而衆星共之.

하루에 1도(度)를 운행하여 천을 돈다. … 반복하여 365도 4분의 1을 운행하여 1년을 이룬다."[42]라는 말이 있다. 여기서 자궁(紫宮)은 북극성과 북극성에 관계되는 별들이 있는 곳이다.[43] 이 자궁(紫宮)이 북두(北斗:북두칠성)를 작용시켜 지상세계의 1년(365와 4분의 1일)이라는 시간을 주관한다고 하고 있다. 앞서 『회남자』 「시칙훈」의 북두칠성(두건)에 의한 열두 달의 설명을 살펴봤는데, 지금의 설명을 통해 볼 때 이 두건(斗建)이라고 하는 것도 자궁(紫宮)에 의한 북두칠성의 작용이 된다. 따라서 지상세계의 시간의 순환은 북두칠성이 주관하는 것이 된다. 이 북두칠성의 작용의 원리가 자궁(紫宮)에서 나오고, 또한 자궁(紫宮)의 중심에 북극성이 있다는 해석에서 본다면, 지상세계나 천상세계의 모든 작용의 근원은 북극성에 귀결되게 된다. 이러한 해석은 구체적인 현상을 그 근거로 하고 있기 때문에 『논어』에서 언급되고 있는 북극성의 의미와는 많은 차이가 있다.

앞에서 1년의 시간의 기준에 대한 설명에서 세성과 십이차(28수)의 관계가 그 기준이 되고 있음을 살펴봤는데, 그렇다면 이러한 설명과 자궁(紫宮)에 의한 북두칠성의 작용은 어떻게 이해해야 할까. 말하자면 1년의 시간을 설명하는 방법에 두 가지가 있는 것이 되는

---

42 『회남자』 「천문훈」 : 紫宮者, 太一之居也. … 紫宮執斗而左旋, 日行一度, 以周於天. … 反覆三百六十五度四分度之一, 而成一歲.

43 『사기』 「천관서」(天官書)를 보면, "中宮天極星, 其一明者, 太一常居也. 旁三星三公, 或曰子屬. 後句四星, 末大星正妃, 餘三星後宮之屬也. 環之匡衛十二星, 藩臣. 皆曰紫宮."라고 하여, 천극성(북극성)에 태일(太一)이 거처하고, 그 주변에 삼공(三公) 혹은 자식들, 정비(正妃), 후궁(后宮)들, 번신(藩臣)이 있는 곳을 자궁(紫宮)이라고 설명하고 있다.

데, 그렇다면 이 두 가지 방법은 어떠한 관계에 있는지, 또 왜 이러한 두 가지 방법으로 설명하게 되었는지 등에 대한 설명이 필요하게 되는 것이다. 이 문제에 대한 대답은 『사기』 「천관서」를 통해 그 실마리를 찾을 수 있을 것 같다.

『사기』 「천관서」를 보면, "북두칠성은 (『상서』에서) 말하는 '선기옥형(旋璣玉衡)으로 칠정(七政)을 가지런히 하는' 것이다."[44]라고 하고 있다. 여기서의 칠정(七政)에 대해서는 이견(異見)이 있지만, 『상서』(尚書)의 〈전〉(傳)에도 '일월오성'(日月五星)이라고 하고 있고,[45] 또 『사기색은』(史記索隱)에서 인용하고 있는 마융(馬融)의 『상서』(尚書) 〈주〉(注)에도 '일월오성'이라고 하고 있다.[46]

'오성'(五星)이란 화성·토성·수성·목성·금성으로, 이 오성과 일월이 북두성의 일곱별에 의해 다스려진다고 하는 것이다. 이러한 해석에 의한다면, 세성도 북두칠성에 의해 다스려지기 때문에 1년의 시간을 설명하는 두 가지 방법은 모두 북두칠성을 근원으로 하는 것이 된다. 『사기』 「천관서」의 다음과 같은 말에서 이러한 사실의 근

---

44 『사기』 「천관서」 : 北斗七星, 所謂旋璣玉衡以齊七政. ※『상서』(尚書) 「舜典」에는 "在璿璣玉衡, 以齊七政."으로, '旋'이 '璿'으로 되어 있다.

45 『상서』(尚書) 「舜典」 : 在璿璣玉衡, 以齊七政. [傳]在, 察也. 璿, 美玉. 璣衡, 王者正天文之器, 可運轉者. 七政, 日月五星各異政. 舜察天文, 齊七政, 以審己當天心與否.

46 司馬貞 撰, 『史記索隱』(欽定四庫全書) 卷九 : 又馬融注尚書云「七政者, 北斗七星, 各有所主 : 第一曰正日 ; 第二曰主月法 ; 第三曰命火, 謂熒惑也 ; 第四曰煞土, 謂塡星也 ; 第五曰伐水, 謂辰星也 ; 第六曰危木, 謂歲星也 ; 第七曰剽金, 謂太白也. 日月五星各異, 故曰七政也.」

음양오행으로 읽는 세계

거를 찾을 수 있다. "북두성은 천제의 수레로 (천의) 중앙에서 운행하면서 사방을 다스리고 제어한다. ··· 사시(四時)를 세우고, ··· 모두 북두성에 달려 있다."[47] 북두칠성이 공간과 시간을 지배한다고 하고 있다. 이러한 해석은 결국 북극성을 모든 원리의 정점에 두는 해석이 된다.

그렇다면 이 북극성을 원리의 정점으로 하고 북두칠성의 작용이 공간과 시간을 지배한다고 해석하게 된 것은 언제부터일까. 기록을 통해서 본다면, 북두칠성이 천상세계와 지상세계의 해석에 등장하기 시작하는 것은 『회남자』가 된다. 그런데 세성과 십이차(28수)의 관계는 그 이전의 『춘추좌전』 등의 기록에서도 볼 수 있다. 말하자면 북두칠성에 의한 해석이 일반화되기 이전에 이미 세성과 십이차(28수)의 관계에 의한 1년의 해석이 있었다는 것이다. 그래서 북두칠성에 의한 해석이 등장했을 때 1년을 해석하는 두 가지 해석 방법이 공존하게 되고, 그렇지만 같은 1년을 설명하는 방법이었기에 북두칠성의 작용에 수렴되고, 북극성을 원리의 정점으로 해석할 수 있게 되었다고 하겠다.

---

47 『사기』「천관서」: 斗爲帝車, 運于中央, 臨制四鄕. ··· 建四時, ··· 皆繫於斗.

· 2장 ·

음양의 세계

1절 – 음양의 의미와 그 변천

　음과 양의 의미에 대해서는 어느 정도 연구가 되어 있다. 그 글자의 성립 당시의 의미에 대해서는『설문해자』(說文解字)를 통해서 명확히 이해할 수 있다. 음(陰)은 '어둡다'는 의미이고, '강의 남쪽', '산의 북쪽'이다. 양(陽)은 '높다', '밝다'라는 의미이다.[48] 이러한 음과 양에 대한『설문해자』의 기록은『시경』(詩經)『서경』(書經) 등의 자료를 근거로 하고 있다.[49]

　말하자면 음이나 양의 의미의 성립은 어둡고 밝은 것을 나타내기 위함에서 시작되었다는 것이다. 생활 주변의 경험에서 성립된 음양의 의미는 주지하듯이 세계를 설명하는 원리로 그 의미가 변화되고 있다. 이렇게 원리로 그 의미가 변화되면서 음양 개념은 중국사

48　『설문해자』「卷十五」〈𨸏部〉: "陰, 闇也. 水之南, 山之北也.", "陽, 高, 明也.".

49　양계초, 풍우란 외 지음/김홍경 편역『음양오행설의 연구』중의「음양오행설의 역사」(양계초) 29쪽에서 34쪽까지 참조.

상의 특징을 만들어가기 시작했다. 생활 주변의 경험에서 정확하게 어떠한 해석을 거쳐서 세계를 설명하는 원리로 변화해 가는지를 체계적으로 밝히는 것은 사실상 어렵다. 단지 문헌을 통해서는 원리로 해석하고 있는 음양의 개념을 볼 수 있을 뿐이고, 그러한 음양의 의미를 통해서 세계를 설명하는 원리로의 변화를 조금 짐작해 볼 수 있을 뿐이다. 그럼 다음에 문헌에 나타나는 음양의 개념을 통하여 음양 개념의 해석과 그 의미의 변화에 대해서 살펴보도록 하겠다.

『순자』(荀子) 「천론」(天論)에 "열성(列星)이 서로 뒤를 따라 돌고, 해와 달이 교대로 비추고, 사계절이 번갈아 (절기를) 제어하고, 음양이 (만물을) 크게 변화시키고, 바람과 비가 널리 베풀어진다."[50]라는 말이 있다. 여기서의 음양은 만물 전체에 영향을 끼치는 요소의 의미로 사용되고 있다.[51] 또 「천론」에서는 별이 떨어지고(星隊) 나무가 우는(木鳴) 것에 대해서 천지의 변화이고 음양의 변화라고 설명하고 있다.[52] 이러한 설명은 자연계 변화의 원리로서 음양을 해석하는 것이 된다. 이러한 『순자』의 「천론」에 나타나고 있는 음양의 해석은, 이미 생활 주변에서 경험하는 음과 양의 의미를 벗어나, 만물과 자연계 변화의 원리로서의 의미로 해석되고 있는 것이다.

---

50 『순자』「천론」: 列星隨旋, 日月遞炤, 四時代御, 陰陽大化, 風雨博施.

51 『荀子集解』의 注에는 '陰陽大化'를 '寒暑變化萬物也'라고 하여 '추위와 더위가 만물을 변화시키는' 의미로 해석하고 있다.

52 『순자』「천론」: 星隊, 木鳴, 國人皆恐. 曰, 是何也. 曰, 無何也. 是天地之變, 陰陽之化, 物之罕至者也.

음양오행으로 읽는 세계

또한 일월과의 관계를 통한 음양의 해석도 볼 수 있다. 『주역』(周易) 「계사상전」(繫辭上傳)에 "음양의 뜻은 일월(日月)에 짝한다"(陰陽之義配日月)라는 말이 있다. 음양의 의미를 일월과 관련지어 설명하는 것은 생활 주변의 경험에서 보면 자연스러운 해석으로 볼 수 있다. 음의 '어둡다'는 의미와 양의 '밝다'는 의미는 태양과 관계있는 현상이기 때문이다. 앞서 『설문해자』에서 음을 '강의 남쪽'과 '산의 북쪽'으로도 설명하고 있음을 보았는데, 이것도 결국은 태양과의 관계를 말하는 것이 된다. 또한 양의 의미로 '높다'는 것도 이야기하고 있었는데 이것 역시 태양과의 관계에서 나왔다고 할 수 있다. 그렇지만 단순히 경험적으로 어둡고 밝은 의미로만 쓰이는 음양과 일월에 짝하는 음양은 그 의미에 있어서 큰 차이가 있다. 일월에 짝하는 음양은 단순한 현상을 나타내는 것이 아니라 하나의 원리로 그 의미가 바뀌어 있는 것이다. 사실 이 「계사상전」의 음양은 '도'(道)로서 설명하기도 하고, 그 작용을 '신'(神)으로 설명하기도 한다.[53] 말하자면 음양의 의미가 일월과 같은 작용을 하는 원리로 해석되고 있는 것이다.

『열자』(列子) 「천서」(天瑞)에는 "천지의 도는 음이 아니면 양이다"(天地之道, 非陰則陽.)라는 말이 있고, 음양이 천지의 도(道)로서 해석되고 있음을 볼 수 있다. 『관자』(管子) 「사시」(四時)에서도 "음양은 천지의 큰 이치이다"(陰陽者, 天地之大理也)라고 하고 있다. 또 『장자』(莊子) 「칙양」(則陽)의 "천지는 형체의 큰 것이고, 음양은 기(氣)의 큰

---

53 『주역』「계사상전」: "一陰一陽之謂道", "陰陽不測之謂神".

것이다."[54]라는 말을 통해서 음양을 기(氣)로 해석하고 있음을 볼 수 있다. 그리고 천지와 형체의 관계에서 모든 형체 있는 것이 천지에 포함되듯이, 음양도 기(氣) 중에서 가장 큰 기(氣)일 뿐 아니라 모든 기(氣)를 포함하는 것으로서 해석되었다고 할 수 있다.[55] 그렇기 때문에 기(氣)의 두 요소를 음과 양으로 이해하고 있고, 이러한 생각은 세계를 음양의 두 요소로 이해하는 역할을 했다고 할 수 있다.

세계를 두 종류로 분류하는 요소로서 해석된 음양의 모습은 여기저기서 나타나고 있다. 4계절을 음양으로 분류하기도 하고,[56] 소리(聲)도 '양성'(陽聲)과 '음성'(陰聲)으로 분류하기도 하면서,[57] 세계를 두 부류로 분류하고 있다.[58] 그런데 지금까지 살펴본 음양의 의미 변천은, 생활 주변의 경험에서 세계를 설명하는 원리로 나아가고 있다. 또한 태양과 관련되는 경험이었기에 세계를 설명하는 원리로의 변화는 어느 정도 자연스러운 면도 있었다고 할 수 있다. 그렇지만 이러한 경험에서 원리로의 음양의 의미 변화는, 그 자체로『태극도설』에서처럼 '태극→음양'이라는 분화를 설명할 수 있는 단계로 나

---

54 『장자』「則陽」: 是故天地者, 形之大者也. 陰陽者, 氣之大者也.

55 『장자』「秋水」의 "而吾未嘗以此自多者, 自以比形於天地而受氣於陰陽, 吾在於天地之間, 猶小石小木之在大山也."에서의, '내가 음양에서 기를 받았다'라고 하는 점으로부터 볼 때, 음양이 기의 근원으로 해석되고 있음을 볼 수 있다.

56 『관자』「四時」: 四時者, 陰陽之大經也.

57 『周禮』「春官宗伯」: 大師, 掌六律, 六同, 以合陰陽之聲. 陽聲, 黃鐘, 大蔟, 姑洗, 蕤賓, 夷則, 無射. 陰聲, 大呂, 應鐘, 南呂, 函鐘, 小呂, 夾鐘.

58 『주역』「계사하전」: 子曰, 乾坤, 其易之門邪. 乾, 陽物也; 坤, 陰物也.

아갈 수는 없다고 생각한다. 말하자면 '태극→음양'의 분화를 설명하기 위해서는 또 다른 음양에 대한 해석이 필요하다는 것이다. 그러한 해석은, 경험에서 원리로의 전개가 아닌, 세계를 설명하는 원리 그 자체의 존재 근거에 대한 측면의 설명이 된다. 이러한 음양의 원리 그 자체의 존재 근거에 대한 설명이 있음으로 해서, 음양은 세계의 원리를 가진 하나의 세계로 존재하게 되고, 또한 세계를 설명하는 음양의 원리가 설득력을 얻게 되는 것이다. 결국『태극도설』의 '태극→음양'이라는 분화에 대한 설명은, 음양의 세계의 근거를 설명하는 것이고 음양의 원리의 근거를 설명하는 것이다. 이러한 음양의 세계와 음양의 원리의 근거에 대한 설명은 한대 초기에 나타나고 있는데, 다음 절에서 이러한 점에 대해서 자세히 살펴보도록 하겠다.

2절 - 음양의 세계 확립

I. 음양으로 구성되는 세계로의 해석

음양의 세계라는 것은 단지 음양의 성격으로 세계를 분류하고 설명하는 것만으로 성립이 되지는 않는다. 음양의 성격으로 세계를 분류하고 설명하는 것은 세계를 이해하는 방법이지 음양의 세계의 근거에 대한 설명은 아니다. 음양의 세계의 근거에 대한 설명은 천문학적 지식에 동반되고 있다. 그 구체적인 설명은 『회남자』를 통해서 살펴볼 수 있다. 말하자면 『회남자』에 나타나는 천문학적 지식의 형성 과정에서 음양의 세계가 충분한 근거를 가지는 하나의 세계로 확립되었다는 것이다.

1장에서 '천상세계'에 대한 천문학적 해석을 살펴보았다. 그 내용을 간단히 요약하면 다음과 같다.

천상세계에는 지상세계의 시간과 공간의 원리가 있다는 해석을 하고 있다. 이러한 해석은 천상세계에 대한 직접적 관찰을 통해서 행해지고 있기 때문에 그만큼 더 신빙성을 가진 해석이 되었을 것이다. 먼저 지상세계의 가장 큰 시간의 틀인 1년이라는 시간에 대해서 보면, 천상세계의 전체의 공간인 28수의 공간에서, 해와 달의 운행을 통한 십이차를 설정하고, 이 십이차를 목성이 12년에 걸쳐 일주하는 사실로부터 1년의 시간을 이해하고자 하고 있다. 이렇게 해서 지상세계의 1년이라는 시간의 순환은 천상세계에 의한 시간이 되었다. 말하자면 천상세계가 목성을 통해서 1년이라는 시간을 나타낸다고 하는 해석이 된다. 그런데 목성(세성)이 28수를 운행하면서 나타내는 시간은, 지상에서는 사실상 태음의 시간으로 나타난다고 하고 있다. 이 태음의 시간의 근거는 열두 달의 해석에 있다.

열두 달의 근거도 28수를 중심으로 28수와 해의 관계에서 설명하고 있다. 그렇지만 실제로 지상에서 경험하는 열두 달은 두건과 십이지의 관계가 된다. 이 두건과 십이지의 관계는 해와 28수의 관계와 서로 대칭되는 지점에서 열두 달을 나타내는 법칙이다. 그래서 열두 달을 나타내는 법칙으로는, '천상'의 28수를 근거로 하는 것과 '지상'의 십이지의 순서에 근거하는 것의 두 가지 법칙을 이야기할 수 있게 된다. 이러한 열두 달의 두 가지 법칙을 1년의 시간에 적용한 것이 세성의 움직임과 태음의 시간이다.

이렇게 해서 천상의 28수를 중심으로 흐르는 시간과 지상의 십이지의 순서로 흐르는 시간이 설정되었다. 여기서 지상의 시간을 '태음'(太陰)으로 이야기했다는 것은, 천상의 28수를 중심으로 흐르는 시간을 '태양'(太陽)으로 간주했다는 것이 된다. 비록 열두 달의 경우에는 음양의 개념에 의한 설명이 없지만, 내용을 통해 본다면 이러한 1년의 시간에서의 음양 개념을 그대로 적용할 수 있다.

또한 『회남자』에서는 지상세계나 천상세계의 모든 작용의 근원을 북극성에 귀결시키고 있다. 그리고 북두칠성이 시간뿐만 아니라 공간도 지배한다고 하고 있다. 이러한 해석은 결국 북극성을 모든 원리의 정점에 두는 해석이 된다.

이상과 같이 천문학적으로 해석되는 천상세계가 그려지고 있었다. 이러한 천상세계는 북극성을 정점으로 하여 양과 음의 작용을 하는 세계로 해석되고 있다. 작용의 측면에서 보면 음양의 작용이 천상세계 전체의 작용이 된다. 비록 태음의 움직임이 대응하고 있는 세성에 대해서, '태음'에 대응하는 '태양'의 개념이 아닌 '웅'(雄)이라는 개념을 사용하고 있지만, 천상세계의 두 가지 움직임을 이야기하고 있음은 틀림없는 사실이다. 이러한 천상세계의 구조가 『회남자』의 자료에서 나타나고 있다는 것은, 천상세계의 관찰을 통하여 적어도 이 『회남자』 저술의 시기까지는 천상세계의 전체적인 구조를 해석할 수 있게 되었다는 것을 의미한다. 말하자면 오랜 관찰이 이 당시에 이르러서 그 결실을 맺고 있었다고 하는 것이 된다.

천상세계의 움직임을 음양의 구조로 해석하게 된 것은, 단순히 음양의 성격으로 세계를 분류하고 설명하는 단계를 벗어나 있는 것이 된다. 비록 관찰에 의한 것이기는 하지만, 직접 천상세계의 움직임에 음양의 원리가 있음을 밝혀내고 있다. 물론 그 이전의 음양의 성격으로 세계를 분류하고 설명하려는 분위기 속에서 천상세계의 직접적 설명도 가능했다고 생각한다. 그렇지만 천상세계의 움직임 자체가 음양의 원리로 나타난다는 해석을 하게 되었을 때, 그 이전과는 전혀 다른 세계가 펼쳐졌다고 할 수 있다. 천상세계는 음양의 세계가 되고, 천의 성격은 바로 음양이 된다. 천상세계를 음양의 세계로 해석하기 이전에는, 비록 음양으로 천을 설명하고 사계절을 설명하더라도, 그 세계를 바로 음양의 세계로 규정할 수는 없다. 음양의 세계로 해석되기 이전에도 충분히 음양의 개념으로 천이나 사계절의 특징을 설명할 수 있기 때문이다. 그렇지만 천상세계가 음양의 세계가 되어 버리면, 천이나 사계절 등을 음양의 원리로 설명하지 않으면 안 되게 된다. 그렇기 때문에 천상세계를 음양의 원리로 해석했다는 것은 많은 의미를 담고 있다. 처음으로 중국사상에서 음양의 세계가 확립된 것이고, 음양의 원리를 중심으로 분화 생성의 설명이 가능하게 되고, 음양으로 사회 등을 설명 가능하게 했다. 이것은 이전의 「홍범」 등에 보이던 신적(神的)인 천에 대한 새로운 해석으로서, 천을 직접 논할 수 있는 객관적 대상으로 해석한 것은 중국사상사에서 획기적인 사건이었다고 할 수 있다. 천상세계의 구조가 음양에 의해서 해석되었다는 것은, 이후 이러한 해석을 전제로 하여

또 다른 천의 해석을 하게 된다는 것을 의미한다. 그 후의 동중서나
왕충의 천의 해석을 통해서 그러한 사실을 충분히 확인할 수 있고,
먼 훗날의 『태극도설』이나 이기(理氣)로 해석하는 천도 음양의 세계
의 확립에 그 뿌리를 두고 있다.

2. 음양의 세계의 구조와 분화 과정에 대한 해석

앞 장에서 인간이 만드는 세계의 특징으로서 '하나'라는 세계와 논리적인 세계를 언급했다. 이러한 세계의 모습이 음양의 세계에도 나타나고 있다. 『회남자』에서는 '자궁(紫宮)이 태일(太一)의 거처'라고 하고, 『사기』「천관서」(天官書)에서는 '천극성(天極星:북극성)에 태일(太一)이 거처하고, 이 천극성이 자궁(紫宮)의 중심에 있다.'는 것을 말하고 있다.[59] 그리고 앞에서 『회남자』를 통해서 천상세계의 음양의 작용의 근원이 북극성에 있음을 살펴봤다. 이러한 사실로부터 '태일→음양'이라는 천상세계의 '하나에서 둘이 생겨나는 구조'를 확인할 수 있다. 그런데 『회남자』에서는 이 태일과 음양의 관계에 관한 직접적인 설명을 찾아볼 수가 없다. 그러나 『여씨춘추』「중하기」(仲夏紀) 〈대악〉(大樂)을 보면 "태일(太一)이 양의(兩儀)를 낳고, 양의(兩儀)가 음양(陰陽)을 낳는다."(太一出兩儀, 兩儀出陰陽.)라는 태일과 음양 사이의 분화 생성에 관한 해석이 나타나고 있다. 여기서 먼저 이 『여씨춘추』의 기록에 대해서 잠깐 생각해 봐야 할 문제가 있다. 『여씨춘추』에는 『회남자』에서와 같은 천상세계에 대한 이해가 직접 언급되지 않고 있기 때문이다. 그런데도 『회남자』에서와 같은 천상세계에

---

59 『사기』「천관서」: 中宮天極星, 其一明者, 太一常居也. 旁三星三公, 或曰子屬. 後句四星, 末大星正妃, 餘三星後宮之屬也. 環之匡衛十二星, 藩臣. 皆曰紫宮.

대한 이해를 바탕으로, 『여씨춘추』에서 태일과 음양 사이의 분화 생성을 이야기하고 있다고 할 수 있는 것일까. 사실 이러한 문제는 정확하게 밝히기 힘든다. 당시의 사상적 분위기를 고려하면서 추측해 볼 수밖에 없다.

앞서 밝혔듯이 『여씨춘추』에는 열두 달을 설명하는 방법으로 '해와 28수의 관계'를 제시하고 있다. 말하자면 열두 달을 세성과 십이차의 관계 속에서 설명하고 있는 것이다. 이렇게 세성과 십이차의 관계 속에서 열두 달을 설명했다는 것은, 비록 '두건과 십이지의 관계'를 언급하지 않는다고 해도, 28수를 운행하는 해와 세성의 방향과는 반대 방향으로 진행하는 열두 달의 진행 방향에 대한 인지 위에서의 해석을 의미한다. 이것은 천상의 관찰과 경험을 통해서는 느낄 수밖에 없는 것이고, 그래서 『회남자』에서 두건과 십이지의 관계를 언급하여, 해와 세성의 운행 방향과는 다른, 열두 달의 진행 방향(태음)에 대한 천상세계의 법칙을 제시하게 되었다고 하겠다. 십이차의 이름은 『춘추좌전』이나 『국어』(國語) 등에도 이미 나타나고 있다. 그렇다고 한다면 중국 고대에 천상세계의 움직임에 대한 해석은 세성과 28수(십이차)의 관계를 중심으로 하고 있었다는 것이고, 그러한 상황 속에서 열두 달의 진행 방향에 대한 해석은 언젠가는 해결해야 할 과제였다고 할 수 있다. 『회남자』에서의 두건과 십이지의 관계에 의한 열두 달의 해석으로 이 과제는 해결되었다. 그런데 두건과 십이지의 관계에 의한 열두 달의 해석이 『회남자』 편찬 시기에 이

음양오행으로 읽는 세계

르러 갑작스럽게 나온 것이라고는 볼 수 없다. 오랜 시간에 걸쳐 해석을 위해 노력해 온 것이 하나의 형태로 나타난 시기가 『회남자』 편찬 이전이고, 그것이 『회남자』에 실리게 된 것이라고 보는 것이 타당할 것이다.

『여씨춘추』의 편찬 시기와 『회남자』의 편찬 시기에 조금 차이가 있기는 하지만,[60] 이 편찬 시기만으로 그 기록에 나타나는 해석의 배경을 정할 수는 없다. 열두 달의 진행 방향(태음)에 대한 해석의 경우도, 일찍부터 문제의식을 가지고 있었고, 또한 『회남자』 편찬 이전에 그러한 해석이 형태를 갖추게 되었다고 한다면, 『여씨춘추』의 편찬 시기에도 그러한 해석이 모습을 나타냈을 가능성은 충분히 있다. 따라서 『여씨춘추』에 『회남자』에서와 같은 천상세계에 대한 언급이 없다고 해서, 『여씨춘추』의 태일과 음양 사이의 분화 생성에 관한 해석의 배경에, 『회남자』에서와 같은 천상세계에 대한 해석이 없다고는 말할 수가 없는 것이다. 게다가 비록 해와 28수의 관계에서의 설명이기는 하지만, 열두 달을 천상세계의 움직임을 통해서 설명하고 있는 점으로부터 볼 때, 열두 달과 천상세계의 관계에 굉장한 관심을 가지고 해석하고자 하고 있음을 알 수 있다. 이러한 사상적 분위기를 고려할 때, 『여씨춘추』의 '태일→양의(兩儀)→음양'이라는 분화 생성에 관한 해석은, 그 배경에 천상세계를 음양의 구조로 이해

---

60   『여씨춘추』는 여불위(呂不韋, ?~기원전 235)가 편찬하고, 『회남자』는 류안(劉安, 기원전 179~기원전 122)이 편찬했다.

하려는 생각이 있었다고 볼 수밖에 없게 한다.

이상에서 볼 때, 『여씨춘추』나 『회남자』 편찬 당시의 사상적 분위기 중에는 천상세계에 대해 적극적으로 설명하려는 움직임이 있었고, 구체적으로는 해와 세성의 운행과 열두 달의 진행 방향을 중심으로 천상세계를 설명하면서 그 근원을 북극성에서 찾고 있다. 그리고 작용의 측면에서 천상세계를 음양의 세계로 설명하면서, 이 음양의 근원을 북극성에 있는 태일로 설명하고 있다. 이러한 천상세계에 대한 해석은 '하나'인 태일에서 '둘'인 음양으로 분화되는 구조를 가지고 있다. 그런데 『여씨춘추』의 '태일→양의(兩儀)→음양'이라는 분화 생성에 관한 해석에서는 태일과 음양 사이에 '양의'(兩儀)가 있다. 이 양의(兩儀)는 무엇을 의미할까. 『여씨춘추』「계춘기」(季春紀) 〈진수〉(盡數)에는 "천이 음양을 낳는다"(天生陰陽)라는 말이 있다. 이 말에 의한다면 양의는 천과 관련되는 개념이 된다. 『여씨춘추』나 『회남자』를 통해서 더 이상의 양의의 의미에 대한 설명은 찾아볼 수가 없다. 그래서 이 양의의 의미에 대해서 조금 억측을 해 보고자 한다.

천상세계에서 음양과 관련된 양의의 의미를 찾아보자면, 28수를 운행하는 세성과 그 대칭되는 곳에서 반대 방향으로 운행하는 태음이 그 대상이 될 수밖에 없다. 여기서 실제로 운행하는 것은 세성뿐이다. 태음이란 이 세성의 운행이 투영된 가상의 운행이다. 자세한 것은 앞에서 설명했지만 지상세계의 상황에 맞추어 설정하게 된

음양오행으로 읽는 세계

것이 태음이다. 이렇게 해서 천상세계의 큰 움직임으로 세성과 태음의 운행이 있게 되고, 이 둘을 양(雄)과 음(雌)의 관계로 보고 있음을 살펴봤다. 여기서 양과 음의 작용의 실체로서 세성과 태음의 존재를 인정할 수밖에 없고, 이러한 관점에서 본다면 '태일→세성·태음→음양'의 분화 과정을 생각해 볼 수 있다. 이러한 사실로부터 양의란 세성과 태음을 가리키는 것이라고 충분히 생각해 볼 수 있다. 양의(兩儀)의 '의'(儀)의 의미가 '거동(擧動), 법도(法度), 법식(法式)' 등의 의미인 점을 감안할 때, 천상세계의 두 가지 움직임인 세성과 태음을 양의로 보는 것은 충분한 타당성을 가진다. 그렇지만 양의에 대한 설명의 하나의 가능성으로서 제시해 두고자 한다.

양의라고 하면 『주역』 「계사상전」(繫辭上傳)의 "역(易)에 태극(太極)이 있으니 태극이 양의(兩儀)를 낳고 양의가 사상(四象)을 낳고 사상이 팔괘(八卦)를 낳는다."(易有太極, 是生兩儀, 兩儀生四象, 四象生八卦.)라는 문장을 떠올리지 않을 수가 없다. 이 「계사상전」의 '태극→양의→사상→팔괘'라는 분화 생성 과정에도 양의가 있다. 이 「계사상전」의 양의에 대해서는 일반적으로 '음양'이나 '천지'의 의미로 해석하고 있다.[61] 이 「계사상전」의 양의의 의미를 음양이나 천지로 해

---

61   『춘추번로』 「五行相生」의 "天地之氣, 合而爲一, 分爲陰陽, 判爲四時, 列爲五行."이라는 분화 생성 과정을 보면 양의(兩儀)가 음양으로 해석되고 있음을 볼 수 있다. 주자의 『周易本義』에서는 "一每生二, 自然之理也. 易者, 陰陽之變. 太極者, 其理也. 兩儀者, 始爲一, 以分陰陽."라고 하여, 이 양의(兩儀)를 음양으로 설명하고 있다. 『周易正義』의 〈孔穎達疏〉에서는 "不言天地而言兩儀者, 指其物體, 下與四象相對, 故曰兩儀, 謂兩體容儀也."라고 하여 천지에 관한 것으로 해석하고 있다.

석하는 것에 대해서 어느 것이 맞고 어느 것이 틀리고를 결정할 수는 없다. 하나인 태극에서 둘로 나누어지는 과정이기 때문에 의미상으로는 음양이나 천지와 관련된 것임에 틀림없기 때문이다. 그러나 『여씨춘추』의 양의는 그 경우가 다르다. '태일→양의(兩儀)→음양'이라고 하여, '하나(태일)→둘(양의)→둘(음양)'의 분화 생성 과정을 말하고 있는 것이다. 그래서 『여씨춘추』에서 말하는 양의는 음양의 작용의 근원이 되는 그 어떤 것이 될 수밖에 없다. 앞에서는 『여씨춘추』의 양의의 의미로 세성과 태음이라는 가능성을 제시했는데, 또 하나 그 가능성을 제시하자면 천지를 들 수 있다. 태음의 운행을 설정한 것은 지상세계의 상황을 설명하기 위한 것이기 때문에, 세성의 운행은 천상세계의 시간이고 태음의 운행은 지상세계의 시간이 된다. 따라서 『여씨춘추』의 양의를 천지로도 볼 수 있다는 것이다.[62]

양의의 해석에 약간의 논란은 있을 수 있으나, 『여씨춘추』나 『회남자』를 통해서 천상세계가 음양의 세계로 해석되고 있음을 볼 수 있고, 또한 태일이라는 하나에서 분화 생성되는 세계로 해석되고 있음을 볼 수 있다. 이렇게 형성된 세계의 틀은 중국사상의 특징으로 자리잡고, 그 후의 사상은 이 세계의 틀 내부의 구성 요소를 어떻게 해석하느냐에만 천착하게 된다. 그런데 『여씨춘추』나 『회남자』에서

---

62 『禮記』「禮運」에 "是故夫禮, 必本於大一, 分而爲天地, 轉而爲陰陽, 變而爲四時, 列而爲鬼神."이라고 하여 양의(兩儀)의 부분을 천지로 해석하고 있음을 볼 수 있고, 또 "以天地爲本, 故物可擧也. 以陰陽爲端, 故情可睹也."라는 말로부터 천지를 근본으로 음양을 그 단서로 해석하고 있음을 볼 수 있다.

음양오행으로 읽는 세계

는 음양을 낳는 최고의 존재를 태일이라고 하고 있는데 「계사상전」
에서는 태극으로 이야기하고 있다. 이 태일이나 태극의 개념이『여
씨춘추』나『회남자』이전에도 나타나고는 있지만,[63] 경험적으로 확립
된 천상의 음양 세계를 통괄하는 의미로는 쓰이고 있지 않다. 같은
개념이라도 어떠한 상황에서 쓰느냐에 따라서 그 의미에 많은 차이
가 있다. 말하자면『여씨춘추』나『회남자』의 태일은 경험적으로 확립
된 음양의 세계의 정점에 있고, 거기에서 음양 등이 분화 생성되어
나오는 '하나'의 의미로 사용되고 있다. 그리고 「계사상전」의 태극
개념도 분화 생성 과정의 정점에 있고,『여씨춘추』나『회남자』의 태
일과 같은 내용이기 때문에, 사실 「계사전」의 성립시기를 이『여씨춘
추』나『회남자』와 비슷한 시기로 볼 수밖에 없다.[64]

이상의 설명을 통해서,『여씨춘추』나『회남자』편찬 시기 정도
에, 천상세계에 대한 관찰을 통한 경험적 해석이 음양의 세계로 그
윤곽을 갖추게 되고, 태일이나 태극이라는 하나에서 둘인 음양 등으

---

63 『莊子』의 「大宗師」에는 태극(太極)이란 말이, 「天下」에는 태일(太一)이란 말이 보인다.
64 赤塚忠 등의『思想史』(중국문화총서3, 大修館書店, 1985) 68쪽에서는, 「계사전」의
성립 시기를, 전국말기부터 전한 중기까지로 보고 있다. 金谷治『易の話』(日本 講談社,
2003) 146쪽에서는, 「계사전」의 성립 시기를, 진시황 말년부터 한나라 초기까지로 보고 있
다. 그리고 「계사상전」의 '태극→양의→사상→팔괘'라는 분화 생성 과정은, 『주역본의』의
"一每生二, 自然之理也. 易者, 陰陽之變, 太極者, 其理也. 兩儀者, 始爲一以分陰陽, 四
象者, 次爲二以分太少, 八卦者, 次爲三而三才之象始備."라는 말에서 보듯이, 八卦까지
의 하나에서 둘로 나누어지는 과정에 초점을 맞춘 설명이라고 할 수 있다. 또한 이 「계사상
전」의 태극으로부터의 분화 과정에 대한 설명은 시기적으로 천상의 음양의 세계를 배경으로
하고 있다고 보는 것이 타당하다. 앞으로도 이러한 관점에 서서 논해 가겠다.

로 분화 생성되어 세계가 존재하게 된다는, 음양의 세계의 구조를 가지게 되었음을 이해할 수 있다. 그런데 지금까지는 『회남자』의 태일 개념에 초점을 맞추어 살펴봤는데, 『회남자』에 좀 더 구체적인 분화 과정에 대한 설명도 있다.

『회남자』「천문훈」에 "천지의 습정(襲精)이 음양이 되고, 음양의 전정(專精)이 사시(四時)가 되고, 사시의 산정(散精)이 만물이 된다."[65]라는 말이 있다. 천지의 정기(精氣)가 음양이 되고 음양의 정기가 사시가 되고 사시의 정기가 만물이 된다고 하는, 정기(精氣) 개념을 중심으로 한 '천지→음양→사시→만물'의 분화 과정을 설명하고 있다. 음양 개념이 『여씨춘추』나 『회남자』 이전에도 보이고 있지만, 이러한 분화 과정을 설명하고 있는 것은 『여씨춘추』부터 나타나고 있다. 또한 기(氣)를 중심으로 분화 과정을 설명하고 있는 것은 『회남자』부터 나타나고 있는 설명 방법이다.[66] 이러한 기(氣)에 의한 구체적인 분화 과정의 설명은 천상세계의 확립 이전에는 생각하기 힘든 방법이다. 또한 이 『회남자』의 분화 과정은, 앞서 언급한 『여씨춘추』의 '태일→양의(兩儀)→음양'에서의 양의를 천지로 해석할 수 있게 한다.

---

65 『회남자』「천문훈」 : 天地之襲精爲陰陽, 陰陽之專精爲四時, 四時之散精爲萬物. ※습성(襲精)은 융합한 정기(高誘注, 襲은 合), 전정(專精)은 전일한 정기, 산정(散精)은 분산한 정기를 말한다.

66 『春秋繁露』「五行相生」을 보면, "天地之氣, 合而爲一, 分爲陰陽, 判爲四時, 列爲五行."이라고 하여, 천지의 기(氣)를 중심으로 분화 과정이 설명되고 있고, 『회남자』의 설명 방법을 이어받고 있음을 알 수 있다.

　　　　　　　　　　　음양오행으로 읽는 세계

그런데 『회남자』에서는 이 '천지→음양→사시→만물'의 분화 과정을 중심으로, 천지와 만물에 대한 좀 더 구체적인 설명을 하고 있다. 천지의 형체가 없을 때부터 천지가 기(氣)에 의해서 만들어질 때까지의 설명이 있고, 만물 중에서 일월성신(日月星辰) 등이 만들어지는 과정에 대한 설명이 있다.[67] 여기서 천지의 형성까지의 설명은 결국 『여씨춘추』의 태일(太一)에 해당하는 부분이라고 할 수 있다. 『회남자』「천문훈」 원본에는 천지가 형성되기 이전의 최초의 모습을 '태소'(太昭)라고 하고 있고, 왕인지(王引之)는 이 '태소'(太昭)를 '태시'(太始)로 고쳐서 읽고 있는데, 어느 것이든 여기서의 의미는 천지 이전의 '하나'의 상태를 설명하는 개념이 된다. 그래서 이 개념을 넣게 되면 『회남자』에서 설명하는 분화 과정은 '태소(태시)→천지→음양→사시→만물'의 순서가 된다.

이렇게 해서 중국 고대의 천상세계가 음양을 중심으로 확립되고, 그에 따른 분화 과정도 음양을 중심으로 확립되었다. 그리고 음양의 근원으로 태일 등의 '하나'에 해당하는 개념이 성립되면서, '하나'에서 만물까지 이르는 분화 생성 과정이 체계적으로 설명되게 되었다.

---

67 『회남자』「천문훈」: 天墜未形, 馮馮翼翼, 洞洞灟灟, 故曰太昭. 道始于虛霩, 虛霩生宇宙, 宇宙生氣. 氣有涯垠, 清陽者薄靡而爲天, 重濁者凝滯而爲地. 清妙之合專易, 重濁之凝竭難, 故天先成而地後定. 天地之襲精爲陰陽, 陰陽之專精爲四時, 四時之散精爲萬物. 積陽之熱氣生火, 火氣之精者爲日. 積陰之寒氣爲水, 水氣之精者爲月. 日月之淫爲精者爲星辰, 天受日月星辰, 地受水潦塵埃. ※故曰太昭. 道始于虛霩: 王引之는 '故曰太始. 太始生虛霩'으로 바꾸어 읽음.

3. 음양의 작용과 원리

1) 음양과 사시(四時)

천상세계의 확립은 그에 따른 많은 해석을 동반하게 된다. 여기서는 음양과 사시(四時)의 관계에 대해서, 천상세계의 확립이 분명하게 나타나고 있는 『회남자』를 중심으로 검토해 가고자 한다. 앞서 「천문훈」의 인용문에서 '음양의 전정(專精)이 사시(四時)가 된다'라는 분화 과정이 설명되고 있었는데, 여기에 대해서 구체적으로는 어떻게 설명되고 있을까.

사시의 현상이 세성에 의한 양(陽)의 세계와 태음의 음(陰)의 세계 중에서 나타나고 있기 때문에 음양과 관계되는 현상이고, 음양의 세계 속에서 나타나는 현상으로 보는 것은 당연하다고 하겠다. 그렇지만 천상세계를 음양의 세계로 설명하기 위해서는 이 사시에 대해서도 음양의 요소로 설명할 필요가 있다. 음양에 의한 설명을 통해서, 사시는 단순한 현상이 아니라 음양의 세계의 현상이 되고, 음양에 의해서 분화되어 나오는 또 하나의 세계의 원리가 될 수 있다.

「천문훈」에 "도(道)는 하나에서 시작하지만, 하나로는 생성하지 못한다. 그래서 나누어져 음과 양이 되고, 음과 양이 화합하여 만물이 생한다. 그렇기 때문에 '하나는 둘을 낳고, 둘은 셋을 낳고, 셋

　　　　　　　　　　　　　음양오행으로 읽는 세계

은 만물을 낳는다.'고 한다. 천지는 3개월로 하나의 때(계절)를 삼는 다."[68]라는 말이 있다. 말하자면 생성을 위해서는 하나에서 시작하여 세 단계를 거쳐야 가능하고, 이러한 천지의 원리로 인해서 3개월이 하나의 단위가 되어 계절이란 것이 있다는 것이다. 이러한 천지의 원리에 대한 근거로서『노자』〈42장〉의 "道生一, 一生二, 二生三, 三生萬物."이란 말을 인용하고 있다. 음양의 세계에서 '하나'에서 음양의 분화는 필연적인 것이고, 그리고 이 음양의 작용에 의한 생성을 생각할 때, 계절 구분의 구체적인 이유가 설명되고, 또한『노자』의 말에서 거기에 대한 확신을 얻었다고 이해할 수 있다. 이러한 사실은, 앞 장에서 4계절의 순환을 수성과 28수의 관계를 통해서 살펴봤는데, 거기에 대한 음양에 의한 생성의 측면에서의 보충 설명이라고 할 수 있다.

그런데 음양에 의한 생성에 대해서는 좀 더 설명이 필요하다. 음양의 세계가 확립되었다고 해서 바로 생성의 요소로서의 음양의 성격을 이해할 수 있는 것은 아니기 때문이다. 세성에 의한 양의 세계와 태음의 음의 세계의 설정은, 시간이 순환하고 계절이 순환하고 생명이 순환하는 지상세계를 설명하기 위한 것이었다. 그래서 실제로 지상세계의 움직임을 설명하는 태음의 세계가 필요했다고 하겠다. 또한 양의 세계인 천(天)과 음의 세계인 지(地)는 단순한 공간과

---

68 『회남자』「천문훈」: 道始於一, 一而不生, 故分而爲陰陽, 陰陽合和而萬物生. 故曰, 一生二, 二生三, 三生萬物. 天地三月而爲一時. ※道始於一 : 원본은 '道曰規始於一'로 되어 있는데, 王念孫의 의견을 따라 '曰規'의 두 글자를 삭제함.

시간의 흐름만을 가지는 존재가 아니라, 생명의 근본이 되는 양(陽)적인 요소와 음(陰)적인 요소를 가진 존재로 이해되게 되었다고 할 수 있다. 그래서 앞의 「천문훈」의 인용문에서 보듯이 '천지의 습정(襲精)이 음양이 된다'고 하고 있는 것이다. 이렇게 해서 태음의 세계는 단순한 세성의 운행에 따른 종속된 세계가 아니라 북극성에 의해서 그 세계가 인정되면서, 천지의 음양에 의해서 실질적으로 사시가 설명되게 되었다. 「천문훈」에 "하지(夏至)의 날에는 음이 양을 타게 되고, 그래서 만물이 그 음을 따라서 죽음으로 향한다. 동지(冬至)의 날에는 양이 음을 타게 되고, 그래서 만물이 그 양에 의지하여 생을 향한다."[69]라는 설명이 있다. 여기서 사시의 변화를 음양의 작용으로 설명하고 있는 것을 알 수 있다. 봄과 여름의 양기가 점점 왕성해져 하지에 이르면 극도에 도달하게 되는데 그때 음기가 나타나기 시작하고, 이 음기가 가을과 겨울에 점점 왕성해져 동지에 이르면 극도에 도달하게 되는데 그때 양기가 또 나타나기 시작한다고 하는 방식으로, 사시가 순환하면서 만물을 생성 소멸시킨다고 설명하고 있다.

이렇게 해서 음양이 생성의 근원이 되면서 실질적인 음양의 세계가 완성되게 되고, 음양의 분화는 구체적인 생성을 위한 것으로서 그 첫 단계가 사시로의 분화가 된다.

---

69 「회남자」「천문훈」: 夏日至則陰乘陽, 是以萬物就而死. 冬日至則陽乘陰, 是以萬物仰而生.

음양오행으로 읽는 세계

2) 음양의 원리

① 합(合)의 원리

『회남자』「시칙훈」(時則訓)을 보면 '육합'(六合)에 대한 언급이 있
다.

> 맹춘(孟春)과 맹추(孟秋)가 합이고, 중춘(仲春)과 중추(仲秋)가
> 합이며, 계춘(季春)과 계추(季秋)가 합이고, 맹하(孟夏)와 맹동
> (孟冬)이 합이며, 중하(仲夏)와 중동(仲冬)이 합이고, 계하(季夏)
> 와 계동(季冬)이 합이다.[70]

1년의 열두 달 중에서, 맹춘(1월)과 맹추(7월), 중춘(2월)과 중추(8
월), 계춘(3월)과 계추(9월), 맹하(4월)과 맹동(10월), 중하(5월)과 중동(11
월), 계하(6월)과 계동(12월)이라고 하는 여섯 종류의 합을 이야기하고
있다. 계절로 말하면 봄과 가을, 여름과 겨울이 합이 된다. 이러한
계절 사이에서 합이 되는 이유에 대해서는 다음과 같은 생각을 하고
있었다.

---

70 『회남자』「시칙훈」: 孟春與孟秋爲合, 仲春與仲秋爲合, 季春與季秋爲合, 孟夏與孟
冬爲合, 仲夏與仲冬爲合, 季夏與季冬爲合.

맹춘(孟春)에는 낮이 길어지기 시작하고 맹추(孟秋)에는 낮이 짧아지기 시작한다. 중춘(仲春)에는 파종을 시작하고 중추(仲秋)에는 수확을 시작한다. 계춘(季春)에는 성대하게 파종하고, 계추(季秋)에는 성대하게 수확한다. 맹하(孟夏)에는 온난해지기 시작하고 맹동(孟冬)에는 한랭하게 되기 시작한다. 중하(仲夏)에는 낮의 길이가 가장 길게 되고 중동(仲冬)에는 낮의 길이가 가장 짧게 된다. 계하(季夏)에는 덕(德)을 베푸는 것이 끝나고 계동(季冬)에는 형벌의 시행이 끝난다.[71]

봄과 여름의 생장 시기와 가을과 겨울의 수렴 시기를 전체의 두 부분으로 생각하고, 이 전체의 두 부분이 합을 통하여 하나의 상황이 완성됨을 이야기하고 있다. 그 상황을 생장 시기의 여섯 달과 수렴 시기의 여섯 달로 나누어 각각의 상황에 있어서 합의 모습을 설명하고 있는 것이 된다. 말하자면, 맹춘과 맹추는 낮의 길이가 길어졌다가 짧아지는 상황으로서, 낮의 길이라는 상황이 맹춘과 맹추의 합을 통해서 완결되게 된다는 것이다. 이와 같이 중춘과 중추는 파종과 수확이라는 하나의 상황에서, 계춘과 계추는 성대한 파종과 수확이라는 상황에서, 맹하와 맹동은 온난과 한랭이라는 날씨의 상황에서, 중하와 중동은 최장과 최단이라는 낮의 길이의 상황에서, 계

---

71 『회남자』「시칙훈」: 孟春始嬴, 孟秋始縮. 仲春始出, 仲秋始內. 季春大出, 季秋大內. 孟夏始緩, 孟冬始急. 仲夏至修, 仲冬至短. 季夏德畢, 季冬刑畢.

하와 계동은 덕과 형벌이라는 하나의 상황에서, 합을 통해서 그 상황이 완결된다는 것이다.

사시가 음양의 분화된 모습이기 때문에, 이 사시 안에서 펼쳐지는 구체적 현상도 음양의 모습으로 펼쳐지고, 그래서 합의 원리가 있게 됨을 이야기하고 있다. 여기서는 열두 달을 여섯 가지 상황에서 양과 음의 부분으로 나누고 합을 이야기하고 있는데, 음양의 세계는 이러한 음양의 원리에 의해서 움직인다고 하는 해석이고, 천상세계와 지상세계의 움직임의 원리에 대한 좀 더 구체적인 해석이 된다. 따라서 이러한 음양의 원리는 음양의 세계의 일반적인 원리가 되고, 열두 달뿐만 아니라 모든 상황에 적용되는 원리이다. 『회남자』「천문훈」의 "낮은 양의 몫이고 밤은 음의 몫이다. 그래서 양기가 이기면 낮은 길고 밤은 짧고, 음기가 이기면 낮은 짧고 밤은 길다."[72]라는 말에서 보면, 하루를 양과 음으로 나누고, 양기와 음기의 관계에서 낮과 밤의 길이가 결정됨을 이야기하고 있다. 음양의 조건에 따른 낮과 밤의 길이의 변화는 있지만, 음과 양의 합을 통하지 않고서는 하루가 완성될 수 없음을 알 수 있다.

앞의 「천문훈」의 인용문에서 '하지(夏至)의 날에는 음이 양을 탄다', '동지(冬至)의 날에는 양이 음을 탄다'는 내용을 볼 수 있다. 하지가 있는 달은 5월이고 동지가 있는 달은 11월이다. 양기가 가장 왕

---

72 『회남자』「천문훈」: 晝者陽之分, 夜者陰之分. 是以陽氣勝則日修而夜短, 陰氣勝則日短而夜修.

성한 하지(5월)에 음기가 나타나기 시작하고, 음기가 가장 왕성한 동지(11월)에 양기가 나타나기 시작한다는 말이다. 그래서 당시에 "양기는 자(子)에서 생하고, 음기는 오(午)에서 생한다."[73]라고 말하고 있었다고 한다. 1년 전체에서 음양의 관계를 그 발생의 측면에서 본다면, 각각 자(子)와 오(午)를 기준으로 하여 발생하면서, 생성과 소멸의 합을 통하여 1년을 완성한다는 것이다. 열두 달의 합의 관계를 십이지로 나타내면 자 · 오(子·午), 축 · 미(丑·未), 인 · 신(寅·申), 묘 · 유(卯·酉), 진 · 술(辰·戌), 사 · 해(巳·亥)의 합이 되는데, 『오행대의』 「논충파」(論衝破)에서는 이 합을 '충파'(衝破)라고 하고 있다.[74]

음양은 태일과 같은 하나에서 분화한 것이기 때문에 합을 통해서 하나의 구체적 상황이 완성될 수 있다. 지금까지 살펴본 음양의 합의 원리는 음양의 작용의 측면에서의 원리이다. 『회남자』에 나타나는 음양의 합의 원리는, 앞서 「천문훈」의 '도(道)는 생성을 위해서 나누어져 음과 양이 되었다.'라는 내용의 인용문에서 볼 수 있듯이, 음양의 작용에 대해서만 말하고 있다. 그런데 수(隋)나라 소길(蕭吉)의 『오행대의』(五行大義)를 보면 이것과는 다른 의미에서의 합을 이야기하고 있다.

---

73   『회남자』「천문훈」: 故曰, 陽生於子, 陰生於午.

74   『오행대의』「論衝破」에서는 "支衝破者, 子午衝破, 丑未衝破, 寅申衝破, 卯酉衝破, 辰戌衝破, 巳亥衝破, 此亦取相對."라고 하여, 子午·丑未·寅申·卯酉·辰戌·巳亥를 합이 아니라 衝破라고 하고 있다. 현재는 일반적으로 이 관계를 沖이라고 하고 있다.

정월에는 해와 달이 추자(諏訾)의 자리에서 만난다. 추자(諏訾)는 해(亥)이고 달리 시위(豕韋)라고도 이름한다. 두건(斗建)은 인(寅)에 있다. 그렇기 때문에 인(寅)과 해(亥)가 합한다. 2월에는 해와 달이 강루(降婁)의 자리에서 만난다. 강루(降婁)는 술(戌)이다. 두건은 묘(卯)에 있다. 그렇기 때문에 묘(卯)와 술(戌)이 합한다. 3월에는 해와 달이 대량(大梁)의 자리에서 만난다. 대량(大梁)은 유(酉)이다. 두건은 진(辰)에 있다. 그렇기 때문에 진(辰)과 유(酉)가 합한다. 4월에는 해와 달이 실침(實沈)의 자리에서 만난다. 실침(實沈)은 신(申)이다. 두건은 사(巳)에 있다. 그렇기 때문에 사(巳)와 신(申)이 합한다. 5월에는 해와 달이 순수(鶉首)의 자리에서 만난다. 순수(鶉首)는 미(未)이다. 두건은 오(午)에 있다. 그렇기 때문에 오(午)와 미(未)가 합한다. 6월에는 해와 달이 순화(鶉火)의 자리에서 만난다. 순화(鶉火)는 오(午)이다. 두건은 미(未)에 있다. 그렇기 때문에 미(未)와 오(午)가 합한다. 7월에는 해와 달이 순미(鶉尾)의 자리에서 만난다. 순미(鶉尾)는 사(巳)이다. 두건은 신(申)에 있다. 그렇기 때문에 신(申)과 사(巳)가 합한다. 8월에는 해와 달이 수성(壽星)의 자리에서 만난다. 수성(壽星)은 진(辰)이다. 두건은 유(酉)에 있다. 그렇기 때문에 유(酉)와 진(辰)이 합한다. 9월에는 해와 달이 대화(大火)의 자리에서 만난다. 대화(大火)는 묘(卯)이다. 두건은 술(戌)에 있다. 그렇기 때문에 술(戌)과 묘(卯)가 합한다. 10월에는 해와 달이 석목(析木)의 자리에서 만난다. 석목(析木)은 인(寅)이다. 두건은 해(亥)에 있다. 그렇기 때문에 해(亥)와 인(寅)이 합한다. 11월에는 해와 달이 성기(星紀)의 자리에서 만난다. 성기(星紀)는 축(丑)이다. 두건은 자(子)에 있다. 그렇기 때문에 자(子)와 축(丑)이 합한다. 12월에는 해와 달이 현효(玄枵)의 자리에서 만난다. 현효(玄枵)는 자(子)이고 달리 천원(天黿)이라고도 이름한다. 두건은 축(丑)에 있다. 그렇기 때문에 축(丑)과 자(子)가 합한다.[75]

이『오행대의』에서 말하는 합의 관계를 정리하면 다음의〈표 12〉와 같다.

---

75 『오행대의』「卷第二, 第八論合」: 支合者, 日月行次之所合也. 正月, 日月會於諏訾之次. 諏訾, 亥也, 一名豕韋. 斗建在寅, 故寅與亥合. 二月, 日月會於降婁之次. 降婁, 戌也. 斗建在卯, 故卯與戌合. 三月, 日月會於大梁之次. 大梁, 酉也. 斗建在辰, 故辰與酉合. 四月, 日月會於實沈之次. 實沈, 申也. 斗建在巳, 故巳與申合. 五月, 日月會於鶉首之次. 鶉首, 未也. 斗建在午, 故午與未合. 六月, 日月會於鶉火之次. 鶉火, 午也. 斗建在未, 故未與午合. 七月, 日月會於鶉尾之次. 鶉尾, 巳也. 斗建在申, 故申與巳合. 八月, 日月會於壽星之次. 壽星, 辰也. 斗建在酉, 故酉與辰合. 九月, 日月會於大火之次. 大火, 卯也. 斗建在戌, 故戌與卯合. 十月, 日月會於析木之次. 析木, 寅也. 斗建在亥, 故亥與寅合. 十一月, 日月會於星紀之次. 星紀, 丑也. 斗建在子, 故子與丑合. 十二月, 日月會於玄枵之次. 玄枵, 子也, 一名天黿. 斗建在丑, 故丑與子合.

음양오행으로 읽는 세계

월	1월	2월	3월	4월	5월	6월	7월	8월	9월	10월	11월	12월
합	인寅 해亥	묘卯 술戌	진辰 유酉	사巳 신申	오午 미未	미未 오午	신申 사巳	유酉 진辰	술戌 묘卯	해亥 인寅	자子 축丑	축丑 자子

위의 표에서 십이지의 합의 위쪽이 두건이 있는 십이지이고, 아래쪽이 십이차의 십이지이다. 해와 달이 만나는 곳이 십이차인데 여기에 대해서는 천상세계를 설명하는 1장에서 언급했다. 이 십이차의 운행은 세성의 운행 방향이고 천상세계의 실제의 운행 방향이다. 앞에서 세성과 태음의 관계를 양과 음의 관계로 볼 수 있음을 이야기했는데, 이러한 세성과 태음의 양과 음의 세계에서 볼 때, 십이차의 운행 방향은 양의 세계이고 두건이 있는 십이지의 방향은 음의 세계가 된다. 이 서로 반대되는 두 십이지의 운행 방향은 북극성(태일)에서 나오고 있다. 말하자면 십이차의 십이지 방향은 북극성이 해와 달을 통해서 나타내고 있고, 또 하나의 십이지의 순서에 따른 운행은 두건으로 나타내고 있다. 해와 달을 통해서 나타내는 것은 양의 세계의 법칙이고, 두건으로 나타내는 것은 음의 세계의 법칙이 된다. 둘 다 열두 달을 나타내는 법칙인데 실제로 지상에 나타나는 것은 두건으로 나타내는 법칙이 된다. 그런데 세성과 태음의 관계에서 본다면 천상의 양의 세계의 법칙이 어떠한 현상의 실제의 법칙이 된다. 이러한 사실로부터 볼 때, 열두 달을 나타내는 두 가지 법

칙 중에 십이차의 양의 세계의 법칙은 원리의 측면이고, 두건으로 나타내는 음의 세계의 법칙은 현실에의 실현의 측면으로 이해할 수 있다. 그렇기 때문에 열두 달을 나타내는 양의 세계의 십이지(십이차)와 음의 세계의 십이지는 합을 통해서 완전한 하나의 모습을 나타내게 된다. 이것이 자·축과 오·미를 중심으로 한 음양의 합의 원리이다.

이상에서 음양의 합의 원리에 대해서 살펴봤는데 두 가지 다른 의미의 합의 원리가 있었다. 그렇다면 이 두 가지 다른 의미의 합의 원리는 하나의 관점에서 설명할 수는 없는 것일까. 이 두 가지 합의 원리의 설명을 보면 사실상 그 범주를 달리하고 있다. 먼저 열두 달의 합을 1월·7월(寅·申), 2월·8월(卯·酉), 3월·9월(辰·戌), 4월·10월(巳·亥), 5월·11월(午·子), 6월·12월(未·丑)로 설명하는 것은 음양이 화합한 세계에서의 설명이다. 말하자면 1월과 7월 등으로 음과 양의 부분으로 나누고 합을 이야기하고는 있지만, 그때의 1월이나 7월 등은 음양의 화합에 의해서 나타나 있는 것이다. 그런데 후자의 자·축과 오·미를 중심으로 한 음양의 합의 원리는, 열두 달을 나타내는 양의 세계의 십이차와 음의 세계의 십이지에 의한 것으로, 음양 화합 이전의 원리이다. 앞에서 언급한 『회남자』의 '천지→음양→사시→만물'의 분화 과정에서 본다면, 후자의 합의 원리는 '음양'의 단계에서의 원리이고, 전자의 합의 원리는 '사시' 단계에서의 원리이다. 그렇기 때문에 전자와 후자의 합의 원리는, 그 분화 과정

음양오행으로 읽는 세계

에서의 단계의 다름으로 인해 그 해석도 당연히 다르게 되었다고 할
수 있다.

② 형(刑)과 덕(德)

『회남자』에서는 음양의 작용을 형(刑)과 덕(德)이라는 개념으로
설명하기도 한다.

음양의 형(刑)과 덕(德)에는 칠사(七舍)가 있다. 무엇을 칠사
(七舍)라고 하는가. 실(室)·당(堂)·정(庭)·문(門)·항(巷)·술
(術)·야(野)이다. 11월에, 덕(德)은 30일을 실(室)에 거주한다,
동지(冬至)에 앞서는 15일과 동지 뒤의 15일(의 30일)로 (다른 사
(舍)에) 옮겨간다. (이와 같이) 거주하는 곳(舍)은 각각 30일이다.
덕(德)이 실(室)에 있으면 형(刑)은 야(野)에 있고, 덕(德)이 당
(堂)에 있으면 형(刑)은 술(術)에 있고, 덕(德)이 정(庭)에 있으면
형(刑)은 항(巷)에 있고, 음양이 서로 덕(德)이 되면 형(刑)과 덕
(德)이 문(門)에서 합한다. 8월(仲秋)과 2월(仲春)은 음양의 기
(氣)가 균등하고, 낮과 밤의 몫이 공평하다. 그래서 형(刑)과
덕(德)이 문(門)에서 합한다고 한다. 덕(德)이 남쪽으로 향하면
만물이 생하고, 형(刑)이 남쪽으로 향하면 만물은 죽는다. 그
래서 (형과 덕이) 2월에 만나서 만물이 생하고, 8월에 만나서

초목은 죽는다고 한다.[76]

'음양의 형(刑)과 덕(德)'이라고 하고 있듯이, 형(刑)과 덕(德)이라는 개념은 음과 양의 작용을 말하는 것이라고 할 수 있다. 칠사(七舍)라는 것은 일곱 군데의 형(刑)과 덕(德)이 머무르는 곳으로, 실(室)·당(堂)·정(庭)·문(門)·항(巷)·술(術)·야(野)를 말하고 있다. 문(門)을 중심으로 실(室:방)·당(堂:마루)·정(庭:마당)은 집의 안이고, 항(巷:동네)·술(術:도로)·야(野:들)는 집의 바깥이 된다. 그리고 순서는 사람의 움직임에 빗대어 방(室)에서 들(野)까지로 하여 음양의 기(氣)의 움직임을 설명하고 있다. 음양의 기가 방(室)에서 들(野)로 갈수록 그 영향력이 커진다고 하고 있다. 그래서 덕(德:陽)의 경우는 동지의 달인 11월(子)에 방(室)에 있고, 이 덕(德)이 남쪽(5월, 午, 野)으로 향하게 되면 영향력을 발휘하여 만물이 생한다고 하고 있다. 형(刑:陰)의 경우도, 그러한 설명 방법으로, 5월(子)에 방(室)에 있고, 남쪽(11월, 午, 野)으로 향하게 되면 영향력을 발휘하여 만물이 죽는다고 하고 있다. 그 움직임에서 보면, 덕(德:陽)과 형(刑:陰)은 십이지의 자(子:室)에서 시작하여 서로 반대 방향으로 움직이며 영향력을 발휘한다. 말

---

76 『淮南子』「天文訓」: 陰陽刑德有七舍. 何謂七舍. 室·堂·庭·門·巷·術·野. 十一月, 德居室三十日, 先日至十五日, 後日至十五日而徙. 所居各三十日. 德在室則刑在野, 德在堂則刑在術, 德在庭則刑在巷, 陰陽相德, 則刑德合門. 八月·二月, 陰陽氣均, 日夜分平. 故曰刑德合門. 德南則生, 刑南則殺. 故曰, 二月會而萬物生, 八月會而草木死. ※'十一月'의 '一'은 원본에 '二'로 되어 있는데, 王念孫·黃楨의 주장에 따라서 고침.

음양오행으로 읽는 세계

하자면, 덕(德·陽)은 '자→축→인→묘→진→사→오→미→신→유 →술→해'로 움직이고, 형(刑·陰)은 '자→해→술→유→신→미→오 →사→진→묘→인→축'으로, 열두 달의 움직임에서 보면 자(子)에 서 덕(德·陽)의 십이지와는 반대 방향으로 움직이게 된다. 이렇게 해 서 덕(德)이 방(室)에 있으면 형(刑)은 들(野)에 있고, 덕(德)이 마루(堂) 에 있으면 형(刑)은 도로(術)에 있고, 덕(德)이 마당(庭)에 있으면 형(刑) 은 동네(巷)에 있게 되는 것이다. 그리고 8월(酉)과 2월(卯)은 덕(德·陽) 과 형(刑·陰)의 세력이 균등하기 때문에 둘 다 문(門)에 있다고 한다.

앞에서는 하지(午)에 음기가 나타나기 시작하고 동지(子)에 양기 가 나타나기 시작한다는 사실로부터, 열두 달의 합을 1월·7월(寅· 申), 2월·8월(卯·酉), 3월·9월(辰·戌), 4월·10월(巳·亥), 5월·11월 (午·子), 6월·12월(未·丑)로 설명하는 것을 살펴봤다. 그런데 여기서 는 만물의 생사(生死)와 관련된 음양의 구체적인 움직임을 형덕(刑德) 과 칠사(七舍)라는 개념으로 설명하고 있다. 형(刑)과 덕(德)이 일곱 군 데의 장소를 이동함으로 해서 열두 달의 변화가 있다고 하는 설명이 다. 이 설명에서 주목해야 할 점이 있는데, 바로 형(刑)과 덕(德) 모두 십이지의 자(子·室)에서 시작한다는 것이다.

앞서의 열두 달의 합의 설명에서는 열두 달 중의 5월(午)에 음기 가, 11월(子)에 양기가 나타난다고 하고 있다. 형덕(刑德)의 경우와는 설명 방법이 다르다. 열두 달의 합의 경우는 열두 달을 중심으로 음 과 양의 발생을 설명하고 있는데, 형덕(刑德)의 경우는 형(刑·陰)과 덕

(德:陽) 자체가 모두 자(子:室)에서 움직여 칠사(七舍)를 이동하는 것으로 설명하고 있다. 그렇기 때문에 형덕(刑德)의 경우의 자(子)로부터의 움직임은 열두 달과는 무관한 설명이 된다. 덕(德:陽)은 자(子)가 11월이고 십이지와 열두 달의 관계에 일치하지만, 형(刑:陰)은 자(子)가 5월이 되어 열두 달과의 관계가 일치하지 않게 된다. 이러한 형덕(刑德)의 설명은, 열두 달과 무관하게 음양을 이야기할 수는 없지만, 음양을 단독의 기(氣)라는 입장에서 설명하고, 그 음양의 기가 칠사(七舍)라는 장소에서 어느 정도의 영향력을 가지는가라는 사실을 기준으로 하여 열두 달을 해석하고 있다. 그래서 또 하나의 특징으로, 1월·7월(寅·申), 2월·8월(卯·酉) 등의 합이 아니라, 각각의 달에서 음양의 합이 동일한 것을 들 수 있다. 음양의 작용이 이러한 형덕(刑德)에 의해서 해석되는 것은 『회남자』에서 처음으로 나타나고 있다.[77] 형덕(刑德)과 칠사(七舍)의 관계를 정리하면 다음의 〈표 13〉과 같다.

---

77 『管子』「四時」에서 "刑德者, 四時之合也. 刑德合于時則生福, 詭則生禍.", "陽爲德, 陰爲刑"이라고 하여, 陽은 德이고 陰은 刑이라고 생각은 하고 있었지만, 이러한 형덕(刑德)을 십이지로 설명하면서, 칠사(七舍)를 통해 열두 달을 해석하고는 있지 않다.

음양오행으로 읽는 세계

〈표 13〉 형덕(刑德)과 칠사(七舍)의 관계

월(月)		11	12	1	2	3	4	5	6	7	8	9	10
덕德	12지	자	축	인	묘	진	사	오	미	신	유	술	해
	칠사七舍	실室	당堂	정庭	문門	항巷	술術	야野	술術	항巷	문門	정庭	당堂
형刑	12지	오	사	진	묘	인	축	자	해	술	유	신	미
	칠사七舍	야野	술術	항巷	문門	정庭	당堂	실室	당堂	정庭	문門	항巷	술術

　　형덕(刑德)의 설명에서, 십이지를 단지 음양의 영향력의 정도를 나타내는 부호로만 사용하면서, 형(刑:陰)과 덕(德:陽) 모두 십이지의 자(子)를 시작점으로 설명하고 있다는 것은, 사실상 천상세계의 법칙을 무시하고 있는 해석이다. 관측을 통해서 밝혀진 천상세계의 법칙은, 이미 설명했듯이, 자·축과 오·미를 잇는 선을 기준으로 하여, '자→해→술'의 방향으로 진행하는 양의 움직임과 '축→인→묘'의 방향으로 진행하는 음의 움직임으로 이루어지고, 그래서 인·해, 묘·술, 진·유, 사·신, 오·미 등의 대응과 합의 관계가 성립되고 있다. 그런데 형덕(刑德)의 설명에 의하면 〈표 13〉에서 보듯이 열두 달의 음양의 대응과 합이 천상세계의 법칙에서의 합과는 다르다.

　　십이지의 자(子)를 시작점으로 하여, 음양의 작용을 형덕(刑德)으로 해석하는 것은, 천상세계의 법칙에서 보면 새로운 방법으로 해석하는 음양의 원리가 된다. 새로운 방법이란 형(刑:陰)의 작용을 덕(德:

陽)의 작용과 같은 비중으로 취급하고 있는 것이다. 천상세계의 법칙은 양(陽)이 주(主)가 된다. 형덕(刑德)의 해석은 양기와 음기의 비율로 열두 달의 생성과 소멸을 설명하고 있다. 이러한 형덕(刑德)의 해석처럼 십이지의 자(子)를 시작점으로 해석하는 것으로서 북두(北斗)의 자웅(雌雄)의 신(神)이 있다. 다음에 이 북두(北斗)의 자웅(雌雄)의 신(神)에 대해서 살펴보고, 형덕(刑德)과의 관계에 대해서도 살펴보도록 하겠다. 『회남자』 「천문훈」에 북두칠성에는 두 가지 신(神)이 있다고 하면서 다음과 같이 설명하고 있다.

> 북두(北斗)의 신(神)에는 자(雌)와 웅(雄)이 있다. (雌와 雄은) 11월에 처음으로 자(子)를 가리키고, 달마다 일진(一辰:支)을 옮겨간다. 웅(雄)은 왼쪽으로 운행하고, 자(雌)는 오른쪽으로 운행하여, 5월에는 오(午)에서 만나 형(刑)을 꾀하고, 11월에는 자(子)에서 만나 덕(德)을 꾀한다.[78]

여기서 북두(北斗)의 신(神)은 달마다 십이지의 하나를 가리키는 초요(招搖), 즉 두건(斗建)을 말한다. 이 북두(北斗)의 신(神)에 자신(雌神)과 웅신(雄神)이 있다고 하고 있는데, 실제로는 웅신(雄神)밖에 없다. 북두가 십이지를 가리키면서 운행하는 방향은 왼쪽 방향

---

78 『淮南子』 「天文訓」: 北斗之神, 有雌雄. 十一月始建於子, 月徙一辰, 雄左行, 雌右行, 五月合午謀刑, 十一月合子謀德. ※ '月徙一辰'의 '徙'는 원본에 '從'으로 되어 있음. 王念孫의 주장에 따라 고침.

음양오행으로 읽는 세계

인 '자→축→인→묘'의 방향이다. 사실 북두와 십이지의 관계로 달을 정함에 있어서는 이러한 북두의 운행만으로 충분하다. 이 실제로 십이지를 가리켜 달을 정하는 북두를 여기서는 웅신(雄神)이라고 하고 있다. 그렇기 때문에 실제로는 이 웅신(雄神) 외에 달리 자신(雌神)을 설정할 필요가 없었다고 할 수 있다. 그렇다면 왜 웅신(雄神)과 반대 방향으로 운행하는 자신(雌神)의 존재를 이야기하게 되었을까. 여기에 대해서 정확한 대답을 얻을 수는 없지만, 아마도 음양의 작용을 형덕(刑德)으로 이야기한 것과 같은 맥락이 아닐까 한다. 말하자면, 세상을 음과 양으로 보고자 하는 관점이 일반화되고, 또한 음의 존재가 양과 같은 정도로 중요시되었기 때문이 아닐까 한다. 이러한 당시의 분위기와 함께, 북두가 십이지를 가리키는 것이, 『여씨춘추』에서처럼 해와 28수의 관계에서 음의 부분으로 열두 달을 이야기하는 것과는 다르다는 점에서도 그 이유를 생각해 볼 수 있다. 북두가 십이지를 가리키는 것이 지상세계의 열두 달이라는 점에서 본다면 음의 세계의 법칙이 되지만, 이 북두의 움직임은 북극성에 근거한 독립적인 법칙이 된다. 그리고 음의 존재의 중시는 북두의 움직임을 중심으로 하는 세계의 설정도 가능하게 했다고 할 수 있다. 이 북두의 움직임의 세계에서는 북두의 움직임이 양의 움직임이 될 수밖에 없다. 음의 존재의 중시는 이 북두의 움직임(雄神)에 대해서도 음의 부분의 움직임(雌神)을 설정하게 했다고 할 수 있다. 이러한 북두에 대한 해석의 배경에는, 음양의 세계의 모든 존재는 음과 양의 형태로 존재한다는 생각이 있다.

그리고 북두의 자신(雌神)과 웅신(雄神)이 자(子)를 시작점으로 하고 있는 것에 대해서는, 천상세계의 십이차와 십이지와 같은 관계를 적용할 수가 없기 때문에, 열두 달에서 덕(德)이 시작하는 자(子)를 기준점으로 잡은 것이 아닐까 한다. 이 북두의 자신(雌神)과 웅신(雄神)의 기준점을 자(子)로 하고 있는 것은, 형덕(刑德)의 해석에서 자(子)를 시작점으로 하는 것과도 관련성을 가지는 것이라고 할 수 있다. 이러한 관련성으로부터 북두의 자신(雌神)·웅신(雄神)과 형덕(刑德)의 관계를 보면, 웅신(雄神)과 덕(德)의 십이지는 일치하고 있는데, 자신(雌神)과 형(刑)의 십이지는 서로 마주보는 관계로 대응하고 있다. 이 자신(雌神)과 형(刑)의 관계는 다음과 같이 설명할 수 있다.

인용문의 '웅(雄)은 왼쪽으로 운행하고, 자(雌)는 오른쪽으로 운행하여, 5월에는 오(午)에서 만나 형(刑)을 꾀하고, 11월에는 자(子)에서 만나 덕(德)을 꾀한다.'라는 말을 통해서 볼 때, 북두의 자신(雌神)과 웅신(雄神)이 동일한 자격으로 형(刑)과 덕(德)을 꾀함을 알 수 있다. 이러한 사실로부터 볼 때, 웅신(雄神)이 덕(德)의 십이지라고 한다면, 자신(雌神)은 형(刑)의 십이지가 된다. 여기서 자신(雌神)과 형(刑)의 관계만을 본다면, 자신(雌神)은 음이기 때문에 자신과 합이 되는 곳에 있는 형(刑)을 실제의 형(刑)의 작용으로 생각했는지도 모른다. 이렇게 본다면 북두의 자신(雌神)과 웅신(雄神)의 관계는 형덕(刑德)의 관계라고도 할 수 있다. 말하자면 두건(斗建)으로 나타내는 열두 달의 법

음양오행으로 읽는 세계

칙을 음양의 원리로 설명한 것이라고 할 수 있다. 북두의 신(神)과 형덕(刑德)이 머무르는 십이지를 정리하면 다음의 〈표 14〉와 같다.

〈표 14〉 북두의 신(神:雌雄)과 형덕(刑德)의 십이지

월(月)	11	12	1	2	3	4	5	6	7	8	9	10
웅신雄神	자	축	인	묘	진	사	오	미	신	유	술	해
덕(德)	자	축	인	묘	진	사	오	미	신	유	술	해
자신雌神	자	해	술	유	신	미	오	사	진	묘	인	축
형(刑)	오	사	진	묘	인	축	자	해	술	유	신	미

4. 음양의 사회

음양의 세계가 확립되었다고 하는 것은, 인간이나 인간의 삶의 방법 등 인간의 모든 측면이 음양으로 해석되는 음양의 사회를 만들어 간다는 것을 의미한다. 여기서는 몇 가지 예를 통하여 당시 사회가 음양의 사회로 해석되어 가는 모습을 살펴보고자 한다.

앞서 『회남자』「시칙훈」의 1월·7월, 2월·8월, 3월·9월, 4월·10월, 5월·11월, 6월·12월이라는 여섯 종류의 합을 언급했는데, 『회남자』에서는 이러한 열두 달의 합의 원리를 정치에까지 적용하고 있다. 「시칙훈」의 "1월에 정령(政令)을 잘못하면 7월에 서늘한 바람이 불어오지 않는다. 2월에 정령(政令)을 잘못하면 8월에 우레가 끝나지 않는다."[79] 등과 같은 설명을 통해 볼 수 있듯이, 합이 되는 달 사이에서, 정령의 원인에 의해 자연현상의 결과가 나오게 됨을 주장하고 있다.

그런데 이러한 정령과 자연현상의 관계는 『회남자』 이전에도 나타나고 있다. 그렇지만 『회남자』 이전에는 달의 합이라는 관계에서가 아니라, 예를 들면 봄의 계절에 여름이나 가을, 겨울의 정령을 시행하는 경우의 자연현상을 이야기하고 있다.[80] 『회남자』에도 사실

---

79 『회남자』「시칙훈」: 故正月失政, 七月涼風不至. 二月失政, 八月雷不藏.

80 『管子』「幼官」에서는 "春行冬政肅, 行秋政雷, 行夏政閹.", "夏行春政風, 行冬政落,

은 이러한 계절의 관계에서 정령과 자연현상을 설명하는 부분이 있다. 그 내용은『여씨춘추』의 내용과 거의 같다.[81] 말하자면『회남자』에서는 당시의 정령과 자연현상의 관계에 관한 일반적인 견해를 받아들이면서도, 열두 달의 '육합'에 근거한 정령과 자연현상의 관계도 주장하게 되었다고 하는 것이 되겠다.

정령과 자연현상의 관계는, 인간사회와 자연계의 관계를 음양의 틀 속에서 이해하면서, 음양의 원리를 적용시키고 있었다는 것을 의미한다. 말하자면 인간사회의 정령을 열두 달로 나누고, 이 정령과 열두 달의 자연현상과의 관계를 음양의 합의 원리로 해석한 것이다. 그런데 여기서의 정령과 자연현상의 관계는 그 달의 잘못된 정령에 대한 합으로서의 자연현상을 설명하고 있다. 앞에서 언급한『회남자』「시칙훈」의 열두 달의 합의 경우는 자연현상에 대한 합을 이야기하면서 그 상황의 완결이라는 측면에서 설명하고 있다. 이렇게 보면 열두 달의 합에는 상황의 완결의 의미가 아닌, 잘못된 음양에 대한 잘못된 음양의 합도 있게 된다. 또한『회남자』「시칙훈」에는 열

重則雨雹, 行秋政水." 등으로 설명하고 있고,『여씨춘추』「십이기」에서는 "孟春行夏令, 則風雨不時, 草木早槁, 國乃有恐. 行秋令, 則民大疫, 疾風暴雨數至, 藜莠蓬蒿並興. 行冬令, 則水潦爲敗, 霜雪大摯, 首種不入." 등으로 설명하고 있다.

81　孟春의 경우를 보면,『회남자』「시칙훈」의 "孟春行夏令, 則風雨不時, 草木早落, 國乃有恐. 行秋令, 則其民大疫, 飄風暴雨總至, 黎莠蓬蒿並興. 行冬令, 則水潦爲敗, 雨霜大雹, 首稼不入."이라고 하는 내용은,『여씨춘추』「십이기」의 "孟春行夏令, 則風雨不時, 草木早槁, 國乃有恐. 行秋令, 則民大疫, 疾風暴雨數至, 藜莠蓬蒿並興. 行冬令, 則水潦爲敗, 霜雪大摯, 首種不入."이라는 내용을 그대로 옮겨놓은 것 같다.

두 달의 각 달의 잘못된 정령에 대한 합으로서의 자연현상을 설명하면서 1년이란 단위를 무시하고 있다. 말하자면 자연현상의 경우는 1년을 단위로 그 상황의 완결을 이야기하고 있기 때문에, 설령 잘못된 음양에 대한 합으로서의 잘못된 음양이라고 해도 1년을 단위로 종결되게 된다. 그런데 「시칙훈」에서는 1년의 단위를 넘어서서, 예를 들면 12월의 잘못된 정령에 대해서는 합으로서의 잘못된 자연현상이 다음 해에 나타난다고 하고 있다.[82] 사실 음양의 합의 원리는 어떠한 상황에서도 적용이 가능하다. 그렇지만 열두 달의 자연현상을 대상으로 하면서 1년의 단위를 넘는 것은 지금까지의 설명에서는 조금 이해하기 힘든 사실이다. 그런데 열두 달의 정령이라는 인간사회의 행위에 초점을 맞추어 보면, 이 정령의 합으로서의 자연현상은 다음 해로 넘어갈 수밖에 없다. 따라서 정령과 자연현상의 합은 비록 열두 달을 단위로 하고 있지만 1년의 범위를 넘어서고 있는 것이다.

이상에서 음양의 합의 원리가 정치에 적용되면서 음양의 사회로 변모해 가는 모습을 살펴봤다. 이러한 음양에 의한 사회의 해석은 『춘추번로』(春秋繁露)에 이르러 사회 전반적으로 확산되고 있음을 볼 수 있다. 『춘추번로』「기의」(基義)를 보면 "군주와 신하, 아버지와 아

---

82 「회남자」「시칙훈」: 故正月失政, 七月涼風不至. 二月失政, 八月雷不藏. 三月失政, 九月不下霜. 四月失政, 十月不凍. 五月失政, 十一月蟄蟲冬出其鄕. 六月失政, 十二月草木不脫. 七月失政, 正月大寒不解. 八月失政, 二月雷不發. 九月失政, 三月春風不濟. 十月失政, 四月草木不實. 十一月失政, 五月下雹霜. 十二月失政, 六月五穀疾狂.

음양오행으로 읽는 세계

들, 남편과 아내의 뜻은, 모두 음과 양의 도(道)에서 취한다."[83]라고 하여, 인간관계의 핵심을 음양에 근거하여 해석하고 있다. 그리고 같은 「기의」(基義)에서, 성인(聖人)의 다스림이 사랑이나 덕을 많이 하고 형벌을 적게 하는 이유에 대해서, 천지의 음양의 작용에 근거하고 있음을 설명하고 있다.[84] 또한 음양에서 분화된 사시(四時)에 근거한 정치 방법에 대해서도 언급하고 있다. 봄·여름·가을·겨울에 대응하는 정치 방법을 경사(慶)·포상(賞)·처벌(罰)·형벌(刑)로 설명하고 있다.[85] 뿐만 아니라 이 사시(四時)가 관제(官制)의 근거라고 설명하고 있다.[86]

이러한 음양의 사회로의 변모는 인간 자체에 대한 해석도 동반하고 있다. 천지는 음양이라는 입장에서 인간의 형체와 인성(人性)에 대한 해석을 하고 있다. 먼저 인간의 형체에 대한 해석을 『회남자』의 「천문훈」과 『춘추번로』의 「인부천수」(人副天數)를 통해서 확인해 보

83　『춘추번로』「기의」(基義) : 君臣父子夫婦之義, 皆取諸陰陽之道.

84　『춘추번로』「기의」(基義) : 天出陽, 爲暖以生之, 地出陰, 爲淸以成之. 不暖不生, 不淸不成. 然而計其多少之分, 則暖暑居百而淸寒居一. 德敎之與刑罰猶此也. 故聖人多其愛而少其嚴, 厚其德而簡其刑. 以此配天.

85　『춘추번로』「사시지부」(四時之副) : 天有四時, 王有四政, 四政若四時, 通類也, 天人所同有也. 慶爲春, 賞爲夏, 罰爲秋, 刑爲冬. 慶賞罰刑之不可不具也, 如春夏秋冬不可不備也. 慶賞罰刑, 當其處不可不發, 若暖暑淸寒, 當其時不可不出也. 慶賞罰刑各有正處, 如春夏秋冬各有時也. 四政者, 不可以相干也, 猶四時不可相干也. 四政者, 不可以易處也, 猶四時不可易處也.

86　『춘추번로』「관제상천」(官制象天) : 天有四時, 每一時有三月, 三四十二, 十二月相受而歲數終矣. 官有四選, 每一選有三人, 三四十二, 十二臣相參而事治行矣. 以此見天之數, 人之形, 官之制, 相參相得也.

고자 한다. 「천문훈」에서는 천과 인간의 관계에서, 「인부천수」에서는 천지와 인간의 관계에서 각각 인간의 형체를 해석하고 있는데, 그렇게 해석하는 근거로는 양쪽 모두 '사람이 가장 귀하기 때문이다'라고 하고 있다.[87] 그리고 양쪽의 설명이 천과 천지라는 그 기준이 다르기는 하지만, 양쪽의 공통점으로서 사시(四時), 열두 달, 360일을 기준으로 인간의 형체를 설명하는 것을 볼 수 있다.[88] 이러한 사실은 천상세계의 해석과 맥을 같이하는 것이다. 말하자면 사시(四時), 열두 달, 360일 등의 시간의 흐름에 대한 해석에서 천상세계가 확립되고 있기 때문에, 이러한 시간의 흐름에 나타나는 천상세계의 법칙을 통해서 인간의 형체를 설명하는 것은 당연했다고 할 수 있다.

인성(人性)에 대한 해석도 음양의 세계 속에서 음양에 의해서 해석되는 것은 지극히 자연스런 흐름이었다고 할 수 있다. 『춘추번로』

---

87 『회남자』「천문훈」의 "天地以設分而爲陰陽, 陽生於陰, 陰生於陽. 陰陽相錯, 四維乃通. 或死或生, 萬物乃成. 蚑行喙息, 莫貴於人, 孔竅肢體, 皆通於天."이라는 문장과 『춘추번로』「인부천수」(人副天數)의 "天德施, 地德化, 人德義. 天氣上, 地氣下, 人氣在其間. 春生夏長, 百物以同; 秋殺冬收, 百物以藏. 故莫精於氣, 莫富於地, 莫神於天. 天地之精所以生物者, 莫貴於人. 人受命乎天也, 故超然有以倚. 物疾莫能爲仁義, 唯人獨能爲仁義; 物疾莫能偶天地, 唯人獨能偶天地."라는 문장을 통해서, 인간의 형체가 천(천지)과 대응되는 이유가 만물 중에서 인간이 가장 귀하기 때문이라는 설명을 볼 수 있다.

88 『회남자』「천문훈」: 天有九重, 人亦有九竅. 天有四時, 以制十二月. 人亦有四肢, 以使十二節. 天有十二月, 以制三百六十日, 人亦有十二肢, 以使三百六十節. 故擧事而不順天者, 逆其生者也. 『춘추번로』「인부천수」(人副天數): 人有三百六十節, 偶天之數也. 形體骨肉, 偶地之厚也. 上有耳目聰明, 日月之象也. 體有空穹進脈, 川谷之象也. 心有哀樂喜怒, 神氣之類也. … 天以終歲之數, 成人之身, 故小節三百六十六, 副日數也, 大節十二分, 副月數也, 內有五藏, 副五行數也, 外有四肢, 副四時數也.

음양오행으로 읽는 세계

「심찰명호」(深察名號)의 "천에 두 가지로 음과 양의 베풂이 있고, 신체에도 두 가지의 탐(貪)과 인(仁)의 성(性)이 있다."[89]라는 말로부터, 그 이전과는 달리 인간의 성(性)이라는 내면의 모습도 음양으로 해석하고 있는 것을 볼 수 있다. 이러한 해석은 결국 음양의 기(氣) 중에 도덕적 가치를 인정하게 되었다는 것을 의미한다. 그래서 왕충(王充)은 인성(人性)에 관계되는 기(氣)를 오상(五常)의 기(氣)라고 하고, 인간은 이 오상(五常)의 기(氣)를 받았기 때문에 오상(五常)의 성(性)을 갖추고 있음을 말하고 있다.[90]

---

89 『춘추번로』「심찰명호」(深察名號) : 天兩有陰陽之施, 身亦兩有貪仁之性.

90 『논형』(論衡) 「본성」(本性) : 人稟天地之性, 懷五常之氣, 或仁或義, 性術乖也, 動作趨翔, 或重或輕, 性識詭也.

· 3장 ·

오행의 세계

1절 – 오행 개념의 성립

Ⅰ. 오행 개념

'오행'(五行)이라는 말이 경전 중에 나타나는 것은 『상서』(尙書)의 「감서」(甘誓)가 처음이고 「홍범」(洪範)이 그 다음이다. 그리고 오행을 구체적으로 '수·화·목·금·토'(水·火·木·金·土)라고 하고 있는 것은 「홍범」이 처음이다. 그렇기 때문에 오행의 성립은 「홍범」에서 찾을 수밖에 없다. 「홍범」에서는 오행을 다음과 같이 설명하고 있다.

첫 번째는 오행(五行)이다. 첫째는 수(水)이고, 둘째는 화(火)이고, 셋째는 목(木)이고, 넷째는 금(金)이고, 다섯째는 토(土)이다. 수는 적시고 내려가는 것이고, 화는 태우고 올라가는 것이고, 목은 굽고 곧은 것이고, 금은 따르고 바뀌는 것이

고, 토는 심고 거두는 것이다. 적시고 내려가는 것은 짠 것
을 만들고, 태우고 올라가는 것은 쓴 것을 만들고, 굽고 곧
은 것은 신 것을 만들고, 따르고 바뀌는 것은 매운 것을 만
들고, 심고 거두는 것은 단 것을 만든다.[91]

이 「홍범」에 나오는 오행의 의미에 대해서는 일반적으로 '생활
에 필수불가결한 재료'의 의미로 해석하고 있다.[92] 말하자면 『상서정
의』(尚書正義)에서 이야기하고 있듯이, 목(나무)이나 금(쇠)의 성질을 이
용하여 그릇을 만들고, 수(물)의 성질을 이용하여 논밭에 물을 대고,
화(불)의 성질을 이용하여 밥을 짓는 것 정도의 의미로 오행을 이해
할 수 있다.[93] 이러한 의미로 사용하고 있는 '수 · 화 · 목 · 금 · 토'는
『춘추좌씨전』(春秋左氏傳) 등에 보이고 있는데, 『춘추좌씨전』 등에는
이 '수 · 화 · 목 · 금 · 토'에 '곡'(穀)을 더하여 '육부'(六府)라고 하고 있
다.[94] 또한 『국어』(國語) 「정어」(鄭語)에서도 "그러므로 선왕(先王)이 토

---

91   『尚書』「洪範」: 初一曰五行 ⋯⋯ 一, 五行: 一曰水, 二曰火, 三曰木, 四曰金, 五曰土.
水曰潤下, 火曰炎上, 木曰曲直, 金曰從革, 土爰稼穡. 潤下作鹹, 炎上作苦, 曲直作酸, 從
革作辛, 稼穡作甘.

92   양계초, 풍우란 외 (김홍경 옮김), 음양오행설의 연구 (신지서원, 1993) 중의, 서복관
의 「음양오행설과 관련 문헌의 연구」(117쪽) 등에서 언급하고 있다.

93   『尚書正義』「洪範」: 正義曰, 此亦言其性也. 揉曲直者, 爲器有須曲直也. 可改更者,
可銷鑄以爲器也. 木可以揉令曲直, 金可以從人改更, 言其可爲人用之意也. 由此而觀,
水則潤下, 可用以灌漑. 火則炎上, 可用以炊爨, 亦可知也.

94   『春秋左氏傳』「文公」7년의 "夏書曰, 戒之用休, 董之用威, 勸之以九歌, 勿使壞. 九
功之德, 皆可歌也, 謂之九歌, 六府三事, 謂之九功, 水火金木土穀, 謂之六府, 正德利用

를 금·목·수·화와 섞어서 온갖 물건을 만들었다."[95]라고 하고 있다. 이러한 설명들로부터 「홍범」의 오행도 생활에 필수불가결한 재료라고 설명하고 있는 것이다. 그런데 다시 한 번 「홍범」의 설명을 볼 것 같으면, 오행인 '수·화·목·금·토'의 '성질'을 설명하고, 이 다섯 가지 '성질'에 의해서 '짜고 쓰고 시고 맵고 단' 다섯 가지 맛이 나오게 됨을 이야기하고 있다는 점에서, '수·화·목·금·토'를 '재료'로 이야기하는 것과는 다름이 있음을 느낄 수 있다. 따라서 「홍범」에서 설명하는 오행이 그 후에 해석되는 오행 개념 모두를 내포하고 있는 것은 아니지만, 단순한 '생활에 필수불가결한 재료'만을 의미하는 것도 아니라고 할 수 있다.

여기서 일단 「홍범」에서 설명하는 오행에 대해서 다시 한 번 그 의미를 정리해야 할 필요성을 느끼게 된다. 지금까지의 '생활에 필수불가결한 재료'라는 의미로 「홍범」의 오행을 설명하는 것은 조금 부족하다고 할 수 있다. 「홍범」의 오행에는 어떠한 성질의 '재료'라는 의미보다는 재료의 '성질'의 의미가 더 부각되고 있는 것이다. 그

厚生, 謂之三事, 義而行之, 謂之德禮."라는 문장에서 보이고 있다. 그리고 『尚書』의 「虞書」<大禹謨>에서도 '水火金木土穀'이라는 말이 있는데, 서복관은 「음양오행설과 관련 문헌의 연구」(음양오행설의 연구 70쪽)에서 「文公」 7년에 인용한 「夏書」와 「虞書」<大禹謨>는 관련이 없다고 하고 있다. 그 관련의 문제는 정확히 밝힐 수는 없지만 『尚書正義』에서도 '水火金木土穀'을 생활과 관계되는 것으로 해석하고 있다. (正義曰, 下文帝言六府即此經六物也. 六者民之所資, 民非此不生, 故言養民之本在先修六府也. 府者藏財之處, 六者貨財所聚, 故稱六府.)

95 『國語』「鄭語」: 故先王以土與金木水火雜, 以成百物.

리고 이 재료의 '성질'로 다섯 가지 맛을 만든다고 하는 것으로부터, 이 재료의 '성질'이 생활주변의 물질을 설명하는 기본적인 요소의 의미를 가지게 되었거나 아니면 가지게 되고 있는 중이라고도 할 수 있다. 이렇게 보면 '수 · 화 · 목 · 금 · 토'라는 경험적 재료에 대한 새로운 해석이 「홍범」의 오행이 된다. 그렇기 때문에 '수 · 화 · 목 · 금 · 토'라는 경험적 재료와 오행은 다른 개념이 되는 것이다. '수 · 화 · 목 · 금 · 토'라는 경험적 재료는 '물 · 불 · 나무 · 쇠 · 흙'이라는 개별 물질의 의미를 가질 뿐이다. 거기에 비해 '수 · 화 · 목 · 금 · 토'를 오행으로 해석한다는 것은 어떤 세계를 설명하는 기본 요소의 의미를 가지기 때문이다. 그래서 개별 물질로 본다면 '수 · 화 · 목 · 금 · 토' 다섯 가지를 다 거론하지 않아도 되지만, 오행 개념으로 논할 때에는 이 다섯 가지가 모두 있어야만 의미가 있게 되는 것이다. 『태극도설』에서 오행이 태극과 음양을 거쳐 분화된다고 하여, '1(태극)→2(음양)→5(오행)'의 분화 과정에 있어서 숫자상의 문제점을 껴안게 된 것도, [96] 사실은 「홍범」의 오행이라는 새로운 해석에서 시작되고 있다고 할 수 있다. 이러한 의미에서 「홍범」의 오행은 특별한 의

---

96 『주역』「계사상전」에서는 "易에 太極이 있으니, 太極이 兩儀를 낳고 兩儀가 四象을 낳고 四象이 八卦를 낳는다."(易有太極, 是生兩儀, 兩儀生四象, 四象生八卦.)라고 하여, '太極→兩儀→四象→八卦'라고 하는 '1→2→4→8'의 분화 과정을 제시하고 있다. 그런데 周敦頤의 『太極圖說』은 '太極 →陰陽(兩儀)→水火木金土(五行)'라고 하는 분화 과정을 제시하고 있다. 여기서 『太極圖說』의 경우는 『주역』「계사상전」과는 달리, '1→2→5'의 분화 과정을 말하고 있고, 둘로 나뉘어져 분화되는 틀을 벗어나 있다. 이와 관련하여 사상계의 변화에 대한 설명이 요구된다. 여기에 대해서는 뒤에서 자세하게 설명하고 있다.

음양오행으로 읽는 세계

미를 가진다고 하겠다.

이상에서 「홍범」의 오행에는, 지금까지의 일반적 견해인 '생활에 필수불가결한 재료'라는 의미 외에, '수·화·목·금·토'에 대한 새로운 해석의 측면이 있고, 그래서 오행의 성립을 이야기할 수 있는 점에 대해서 살펴보았다. 그런데 여기서 몇 가지 명확히 해 두어야 할 것이 있다. 먼저 홍범의 성립 시기에 대해서인데, 그 내용으로 인해서 많은 주장이 있다. 여기서는 오행을 재료가 아닌 성질로 논하고 있다는 점과 아직 오행상승(五行相勝) 이론을 이야기하지 않고 있다는 점에서, 추연 이전의 전국시대 초기의 작품으로 간주하고 검토하도록 하겠다. 또 오행이란 개념에 대해서인데, 오행이란 말이 「홍범」 외의 당시의 전적에도 보이고 있지만, 여기서는 '수·화·목·금·토'를 명확하게 오행이라고 하고 있는 「홍범」의 오행 개념을 중심으로 다루고자 한다. 「홍범」 외의 당시의 전적의 오행이란 말이 의미하는 것이 「홍범」의 오행과 정확하게 일치하는지를 알 수 없기 때문이다.[97] 마지막으로 추연 이전의 자료 중에서, 그냥 '수·화·목·금·토'만을 말하고 이것을 오행이라고 밝히지 않는 것에 대해서도 일단 오행의 의미로는 취급하지 않고자 한다. 그냥 '수·화·목·금·토'만을 말하면 재료로서의 의미인지 오행의 의미인지가 명확하게 드러나지 않기 때문이다. 그래서 『춘추좌씨전』이나 『국

---

97 양계초, 풍우란 외 (김홍경 옮김), 음양오행설의 연구 (신지서원, 1993) 중의, 양계초의 「음양오행설의 역사」(37-38쪽)에서 「甘誓」에 나오는 오행이란 말은 水火木金土가 아닐 것이라고 하고 있다.

어』(國語)「정어」(鄭語)에 '수 · 화 · 목 · 금 · 토'에 대한 언급이 있지만 그것을 오행에 대한 언급으로는 보지 않고자 한다.

상식적으로 생각하면 '수 · 화 · 목 · 금 · 토'에 대한 관심에서 '수 · 화 · 목 · 금 · 토'에 대한 언급이 있을 수 있고, 또한 그러한 관심에서 오행 개념의 성립이 있을 수 있는 것도 사실이라고 생각한다. 따라서 『춘추좌씨전』이나 『국어』「정어」(鄭語)의 '수 · 화 · 목 · 금 · 토'에 대한 언급을 통해서, 오행 개념의 성립을 둘러싼 분위기를 충분히 읽을 수 있다. 그런데 오행 개념의 성립은 오행 세계의 성립을 의미하고, 구체적으로는 '수 · 화 · 목 · 금 · 토'의 '五(다섯 가지)의 行(운행)'의 세계의 성립을 의미하는 것이다. 따라서 '行'(운행)의 의미를 어떻게 해석하고 있는가를 보면 당시의 오행의 세계의 성격을 이해할 수 있다. 「홍범」에서는 다섯 가지 성질과 그 성질이 만드는 다섯 가지의 맛을 이야기하고 있다. 이러한 내용으로부터 「홍범」에서의 '행'의 의미는, '수 · 화 · 목 · 금 · 토' 다섯 가지의 성질이 흘러 움직이면서 다섯 가지의 맛 등을 만드는 것으로 이해할 수 있다.[98] 이렇게 볼 때, 「홍범」의 오행의 세계는 아직 제한된 현실을 벗어나고 있지 못함을 알 수 있다. 이러한 「홍범」의 오행이 새로이 해석되면서, '오'(水火木金土)의 의미가 바뀌게 되고 또한 '행'의 의미도 바뀌게 되는 것을 중국사상 속에서 볼 수 있다.

---

98   『尙書正義』「洪範」에서는 "謂之行者, 若在天則五氣流行, 在地世所行用也."라고 '行'의 의미를 설명하고 있다.

또한 그러한 가운데 중국사상 속에서 오행의 개념이 자리 잡아 감을 볼 수도 있다.

2. 오행상승(五行相勝)의 원리

오행의 상승(相勝) 개념은 현재는 일반적으로 상극(相剋) 개념으로 알려져 있다. 상극이란 개념이 나타나는 것은 수(隋)나라 때 소길(蕭吉)의 『오행대의』(五行大義)에서인데, 『오행대의』에서 『백호통』(白虎通)의 문장을 인용하면서 '오행상극'(五行相剋)이란 말을 사용하고 있다.[99] 그런데 『오행대의』에서 인용하는 『백호통』의 문장에는 '木剋土' 등으로 되어 있지만, 사실은 『백호통』의 원문에는 '木勝土' 등으로 되어 있다.[100] 따라서 『백호통』에서 '상극'이란 말을 쓰고 있어서 『오행대의』에서 '상극'이란 말을 쓰는 것은 아니라고 할 수 있다. 사실은, 『백호통』의 문장에서 볼 수 있듯이, 『백호통』까지는 '극'(剋)이 아니라 '승'(勝)이라는 단어를 써서 현재의 상극의 의미를 나타내고 있었다. 『오행대의』에서 왜 '승'(勝)이라는 단어 대신에 '극'(剋)이라는 단어를 쓰게 되었는지에 대해서는 뒤에서 자세히 살펴보도록 하겠지만, 어쨌든 이상을 통해 볼 때, '상극'이라고 하는 말은, 『백호통』에서 『오행대의』가 나오기까지 사이에, '승'(勝)의 의미를 '극'(剋)으로 해석하면서 나오게 되었다고 짐작할 수 있다.

---

99 『五行大義』「第十論相剋」에서 볼 수 있다.

100 『五行大義』「第十論相剋」에는 "白虎通云, 木剋土者, 專勝散; 土剋水者, 實勝虛; 水剋火者, 眾勝寡; 火剋金者, 精勝堅; 金剋木者, 剛勝柔."으로 되어 있지만, 후한(後漢)의 반고(班固)가 편찬한 『백호통』「五行」에는 "五行所以相害者, 天地之性. 眾勝寡, 故水勝火也; 精勝堅, 故火勝金; 剛勝柔, 故金勝木; 專勝散, 故木勝土; 實勝虛, 故土勝水也."로 되어 있다.

오행상승의 의미를 오행의 원리로서 사용하고 있는 최초의 이론으로 알려진 것은, 추연의 오덕종시설(五德終始說)이다. 그 의미는 '수·화·목·금·토'(水·火·木·金·土)라는 다섯 가지 덕이 자신을 이기는(勝) 순서로 이어진다는 것이다.[101] 그것은 바로 '토→목→금→화→수'의 순서로 이어지는 오행의 상승 원리가 된다. 그런데 이러한 상승에 대한 생각은 당시의 자료에서도 찾아볼 수 있다.

『춘추좌씨전』「소공」(昭公)〈31년〉과「애공」(哀公)〈9년〉을 보면, 사묵(史墨)이 전쟁의 설명에 '화(불)는 금(쇠)을 이긴다'(火勝金), '수(물)는 화(불)를 이긴다'(水勝火)라는 말을 이용하고 있음을 볼 수 있다.[102] 『맹자』「고자상」(告子上)에서도 "인(仁)이 불인(不仁)을 이기는 것은 수(물)가 화(불)를 이기는(水勝火) 것과 같다"라고 하고 있다.[103] 여기서의 '화승금'(火勝金)이나 '수승화'(水勝火)를 오행의 상승 원리의 차원에

---

101 『文選』「左太沖魏都賦」의 주해의 "七略曰, 鄒子有終始五德, 從所不勝, 木德繼之, 金德次之, 火德次之, 水德次之."라는 말에서 추연의 오덕종시설에 대한 언급을 볼 수 있다. 『사기』「맹자순경열전」에 의하면, 추연은 전국시대 제나라의 사람으로 맹자보다 뒤의 사람이라고 하고 있다.

102 ※『春秋左傳』「昭公」三十一年:十二月, 辛亥, 朔, 日有食之. 是夜也, 趙簡子夢童子贏而轉以歌. 旦占諸史墨曰, 吾夢如是, 今而日食, 何也. 對曰, 六年, 及此月也, 吳其入郢乎, 終亦弗克. 入郢必以庚辰, 日月在辰尾, 庚午之日, 日始有謫, 火勝金, 故弗克.
※『春秋左傳』「哀公」九年:秋, 吳城邗, 溝通江淮.
晉趙鞅卜救鄭, 遇水適火, 占諸史趙, 史墨, 史龜, 史龜曰, 是謂沈陽, 可以興兵, 利以伐姜, 不利子商, 伐齊則可, 敵宋不   吉. 史墨曰, 盈, 水名也, 子, 水位也. 名位敵, 不可干也. 炎帝爲火師, 姜姓其後也. 水勝火, 伐姜則可.

103 『맹자』「告子上」:孟子曰, 仁之勝不仁也, 猶水勝火.

서 해석하는 사람도 있지만,[104] 이러한 생활의 경험에서 나올 수 있는 단편적인 지식의 이용만으로 오행의 상승 원리의 성립을 말하기는 어렵다. 그러나 '화승금'(火勝金)이나 '수승화'(水勝火)를 그 재료와 전혀 관계가 없는 전쟁이나 인(仁) 등을 설명하는 데 비유로 들고 있다는 사실로부터, 적어도 오행상승 원리를 향한 움직임은 시작되고 있었다고 이해할 수 있다.

이상에서 오행 개념이 성립되고 또한 생활 속에서의 상승 경험을 통해서 오행상승 원리가 탄생하기까지의 과정을 자료를 통해서 설명해 봤다. 그런데 사실은 상승 경험이 오행상승 원리의 성립을 방해하는 자료도 있다. 앞서 언급한 『맹자』「고자상」(告子上)의 인용문에 이어서 맹자는 다음과 같이 말하고 있다.

지금 인(仁)을 행하는 자들은 한 잔의 물로 한 수레 가득 실은 섶에 붙은 불을 끄는 것과 같다. 그리하여 불이 꺼지지 않으면 물이 불을 이기지 못한다고 말하니, 이러한 행동은 또 불인(不仁)함을 크게 도와주는 것이다.[105]

여기서는 앞에서 이야기했던 것과는 달리, 물이 불을 이기지 못

---

104   양계초, 풍우란 외 (김홍경 옮김), 음양오행설의 연구 (신지서원, 1993) 중의 궁철병의 「변증법적 모순관 형성의 논리적 과정」(381-382쪽) 참조.

105   『맹자』「告子上」: 今之爲仁者, 猶以一杯水, 救一車薪之火也. 不熄, 則謂之水不勝火, 此又與於不仁之甚者也.

하는(水不勝火) 경우를 비유로 들고 있다. 그런데 비유로 들고 있는 물과 불의 관계에 대해서 보자면, 맹자는 그 속성에 있어서 물이 불을 이긴다고 하는 것이고, 실제로는 그렇지 않은 경우도 있음을 인정하고 있다. 말하자면, 물이 적고 불이 많으면 물이 불을 이기지 못하는 경우도 있다는 것이다. 이러한 물과 불의 관계에 대한 맹자의 생각은 경험에서 얻은 것이고, 맹자는 이 중에서 속성에 의한 물과 불의 관계를 본래의 관계로 보고, 그 관계를 '수(물)가 화(불)를 이기는'(水勝火) 관계로 보고 있었다고 생각된다. 그래서 그 조건에 문제가 있어서 속성에 의한 관계가 성립하지 않는 경우를, '불이 물을 이기는'(火勝水) 관계가 아니라, 물(水)이 불(火)을 이기지 못하는(不勝) 경우로 보고 있는 것이다. 그런데 그 조건이야 어찌 됐든 물과 불 사이에 속성에 의한 본래의 관계가 성립하지 않는 경우가 있다는 것은, 여기서 바로 보편적인 오행의 상승 원리를 말하기는 어렵다는 것을 의미한다. 그렇지만 속성에 의한 본래의 관계를 생각했다는 것은, 거기에 오행의 상승 원리만을 내포하고 있는 것이 아니라, 상승 관계를 양방향이 아닌 한 방향의 관계로 이해하고 있었다는 것이 된다. 이러한 상승 관계가 바로 추연의 오덕종시설에 나타나고 있는 것이다. 이러한 사실로부터 볼 때, 물·불·쇠 등의 관계에 대한 경험과 그 속성에 의한 본래의 관계라는 해석을 통하여, 오행의 상승 원리가 나타나게 되었다고 할 수 있다.

그런데 경험에 의거하고 있는 오행의 상승 원리가 이 경험을 벗어나서 해석될 수 없는 한, 『맹자』「고자상」(告子上)에서 보듯이 상승 원리를 믿기 힘들게 하는 경험상의 설명이 제기될 수밖에 없다. 『한비자』「설림상」(說林上)의 '먼 곳의 물은 가까운 곳의 불을 끄지 못 한다'[106]라고 하는 것도, 물과 불의 속성상의 관계를 인정하고는 있지만, 그러한 관계가 성립하기 위해서는 현실적인 조건이 필요함을 말하고 있는 것이 된다. 오행의 상승 원리가 당연한 것으로 받아들여지고 있던 시기에도 이러한 이야기가 제기되고 있다. 왕충은 『논형』「난시」(亂時)에서 다음과 같은 이야기를 하고 있다.

> 오행의 상승(相勝)은 사물이나 기세가 걸맞기 때문이다. 만약 태산에서 불이 났는데 한 잔의 물을 끼얹거나, 황하가 천 리나 붕괴됐는데 한 줌의 흙으로 막는다면, 이길 수 있겠는가. 오행의 도를 잃은 것이 아니라, 작고 크고, 많고 적음이 필적할 수 없기 때문이다.[107]

'수승화'(水勝火)나 '토승수'(土勝水)와 같은 오행의 상승 원리를 인정한다고 해도, 그 조건이 전제되지 않으면 상승 원리가 성립할 수 없음을 지적하고 있다. 이러한 경험상의 지적이 있는 것은, 오행의

---

106 『한비자』「說林上」: 失火而取水於海, 海水雖多, 火必不滅矣, 遠水不救近火也.

107 『논형』「調時」: 五行相勝, 物氣鈞適. 如秦(泰)山失火, 沃以一杯之水; 河決千里, 塞以一搭之土, 能勝之乎. 非失五行之道, 小大多少不能相當也. ※黃暉에 따라서 '秦山'의 '秦'은 '泰'로 고침.

음양오행으로 읽는 세계

상승 원리가 아직 경험의 세계 속에서 이해되고 있다는 것을 의미한다. 따라서 오행의 수·화·목·금·토 다섯 가지가 경험적인 재료의 의미를 완전히 탈피할 때, 비로소 오행의 상승 원리는 세계의 보편적인 원리로 해석될 수 있다고 할 수 있다. 이러한 문제에 대해서는 뒤에서 다시 언급될 것이다. 그리고 자료를 통해 볼 경우, 오행의 상승 원리가 나타나고 있는 것은 『여씨춘추』(呂氏春秋)부터이기 때문에, 오행의 상승 원리가 일반화된 것은 전국시대 중기에서 말기에 걸쳐서라고 할 수 있다.[108]

108　전국시대 말기 진(秦)나라의 정치가인 여불위가 편찬한 『呂氏春秋』의 「有始覽」 <應同>에 '土氣勝', '木氣勝', '金氣勝', '火氣勝', '水氣勝'이라고 하는 상승 원리가 언급되고 있고, 『淮南子』 「墜形訓」에도 "木勝土, 土勝水, 水勝火, 火勝金, 金勝木"라는 상승 원리가 보이고 있다. 『管子』에는 상승에 관한 언급이 보이지 않고 있다.

2절 - 오행의 세계 확립

I. 간지(干支), 방위와 오행의 관계 성립

갑골문의 연구에 의해 간지가 날짜의 기록으로 은나라 때에 이미 사용되고 있었다는 것은 주지의 사실이 되었다. 그런데 이 간지와 오행이 결합된 시기에 대해서는 명확한 시기를 제시하기가 어렵다. 자료의 부족으로 인해 그 시기를 추측할 수밖에 없기 때문이다. 이 간지와 오행의 결합에 대해서, 그 결합의 시기를 춘추시대라고 하는 연구도 있다.[109] 그렇지만 「홍범」의 성립을 전국시대 초기라고 한다면, 춘추시대에 오행이 성립되었다고 하는 명확한 근거는 제시하기가 어렵게 된다. 따라서 「홍범」의 성립시기로부터 본다면, 춘추

---

109   김학목의 「干支와 陰陽五行의 結合時代」(『철학논집』 제25집, 서강대 철학연구소, 2011) 186-191쪽에서, 간지와 오행의 결합시기를 춘추시대라고 하고 있다.

시대에 간지와 오행의 결합이 있었다고 하는 것은 말하기 어렵게 된다. 또한 간지와 오행의 결합에 관한 분명한 춘추시대의 자료가 있는 것도 아니다. 간지와 오행의 관계를 알 수 있는 자료로는 『관자』(管子)가 초기의 자료가 된다. 『관자』의 저작 연대를 전국시대 중기로부터 보고 있는 카나야(金谷) 씨의 견해는, 전국시대 초기라고 하는 「홍범」의 성립 시기와 간지와 오행의 관계로부터 볼 때, 적절한 판단이라고 할 수 있다.[110] 『관자』「오행」(五行)의 자료를 통해서 간지와 오행의 관계를 확인해 보도록 하자.

동지(冬至)를 지나 갑자(甲子)의 날이 되면 목행(木行)이 지배한다. … (갑자일부터) 72일이 지나면 마친다. … 병자(丙子)의 날이 되면 화행(火行)이 지배한다. … (병자일부터) 72일이 지나면 마친다. … 무자(戊子)의 날이 되면 토행(土行)이 지배한다. … (무자일부터) 72일이 지나면 마친다. … 경자(庚子)의 날이 되면 금행(金行)이 지배한다. … (경자일부터) 72일이 지나면 마친다. … 임자(壬子)의 날이 되면 수행(水行)이 지배한다. … (임자일부터) 72일이 지나면 마친다.[111]

110　金谷 治 『管子の研究』(岩波書店, 1987) 361쪽에 의하면, 『管子』의 저작 연대는 전국시대 중기부터 漢의 武帝·昭帝期 경까지 거의 300년에 걸쳐서 쓰여 진 것이라고 하고 있다.

111　『管子』「五行」: 日至, 睹甲子, 木行御. … 七十二日而畢. … 睹丙子, 火行御. 七十二日而畢. … 睹戊子, 土行御. … 七十二日而畢. … 睹庚子, 金行御. … 七十二日而畢. … 睹壬子, 水行御. … 七十二日而畢.

1년의 360일을 간지로 나타내고 또 오행으로 나누고 있음을 볼 수 있다. 구체적으로는, 동지를 지나 갑자일로부터 72일을 목행(木行)으로, 병자일로부터 72일을 화행(火行)으로, 무자일로부터 72일을 토행(土行)으로, 경자일로부터 72일을 금행(金行)으로, 임자일로부터 72일을 수행(水行)으로 각각 관련지어 나누고 있다. 이러한 『관자』 「오행」의 내용으로부터 먼저 이야기할 수 있는 것은, 춘추시대는 아니라 하더라도 적어도 『관자』가 저술되기 이전인 전국시대 중기까지, 이미 간지와 오행의 결합에 관한 생각이 무르익고 있었다고 하는 것이다. 오행이 간지와 결합되었다고 하는 것은, 오행의 세계에 간지가 가지고 있는 날짜의 의미가 들어오게 되었다는 것이고, 이것은 오행에 대한 새로운 해석이 된다. 말하자면 오행은 단순한 생활상의 재료의 의미에서 출발하여, 1년의 360일을 지배하는 개념으로 그 세계를 넓혀가게 되었다는 것이다.

그런데 오행이 1년이라는 시간을 지배하는 개념으로 바뀌게 되면 더 이상 단순한 생활상의 재료의 의미를 가지기 어렵게 된다. 단순한 생활상의 재료가 시간을 지배한다고 할 수는 없기 때문이다. 『관자』 「사시」(四時)에서는 방위의 기(氣)에 의해서 오행이 생겨남을 이야기하고 있다.[112] 이러한 오행에 대한 해석의 변화는 당연한 것이

---

112 『管子』「四時」의 "東方曰星, 其時曰春, 其氣曰風, 風生木與骨, …. 南方曰日, 其時曰夏, 其氣曰陽, 陽生火與氣, …. 中央曰土, 土德實輔四時入出, 以風雨節土益力, 土生皮肌膚, …. 西方曰辰, 其時曰秋, 其氣曰陰, 陰生金與甲, …. 北方曰月, 其時曰冬, 其氣曰寒, 寒生水與血, …."라는 말을 통해 볼 수 있다. 그런데 여기서는 '土'에 대해서는 계절과의

음양오행으로 읽는 세계

라고 할 수 있다. 『여씨춘추』에서는 오행을 각각 기(氣)로 나타내고 있다.[113] 이와 같이 오행이 기(氣)와 관계되거나 기(氣)가 되어버린 것은, 1년이라는 시간, 즉 계절과 관계되는 오행이 되면서 새롭게 해석된 모습이라고 하겠다.

『관자』「오행」에는 간지와 오행의 관계만이 보이고 있는데, 『관자』의 「사시」에는 방위를 중심으로 한 계절과 기(氣)의 종류와 오행과의 관계가 보이고 있다.[114] 「사시」에서는 간지가 보이지 않는 것과 방위를 중심으로 한 오행의 설명이 특징적인 것이 된다. 방위와 오행의 관계에 관한 자료는 이 『관자』의 「사시」에서 처음 나타나고 있다. 당시의 자료로서 이 방위와 오행의 관계를 짐작할 수 있는 자료로 『묵자』(墨子)의 「귀의」(貴義)가 있다. 『묵자』의 「귀의」에 다음과 같은 말이 있다.

황제는 갑을(甲乙)의 날에 동방에서 청룡(靑龍)을 죽이고, 병

관계를 말하지 않고 있다. 이러한 사실로부터 볼 때 『管子』의 「四時」와 「五行」은 그 내용에 다름이 있고, 따라서 「四時」와 「五行」은 저술의 연대나 취지가 다르다고 할 수 있다.

113　『呂氏春秋』「有始覽」《應同》: 凡帝王者之將興也, 天必先見祥乎下民. 黃帝之時, 天先見大螾大螻, 黃帝曰土氣勝, 土氣勝, 故其色尙黃, 其事則土. 及禹之時, 天先見草木秋冬不殺, 禹曰木氣勝, 木氣勝, 故其色尙靑, 其事則木. 及湯之時, 天先見金刃生於水, 湯曰金氣勝, 金氣勝, 故其色尙白, 其事則金. 及文王之時, 天先見火, 赤烏銜丹書集於周社, 文王曰火氣勝, 火氣勝, 故其色尙赤, 其事則火. 代火者必將水, 天且先見水氣勝, 水氣勝, 故其色尙黑, 其事則水.

114　『管子』「四時」에는 "東方曰星, 其時曰春, 其氣曰風, 風生木與骨."라는 형태로, 동남서북 네 방위를 중심으로 계절과 氣, 오행을 언급하고 있다.

정(丙丁)의 날에 남방에서 적룡(赤龍)을 죽이고, 경신(庚辛)의 날에 서방에서 백룡(白龍)을 죽이고, 임계(壬癸)의 날에 북방에서 흑룡(黑龍)을 죽인다.[115]

여기서는 간지와 방위와 색의 관계를 알 수 있다. 간지와 방위의 관계만을 본다면, '갑을과 동방', '병정과 남방', '경신과 서방', '임계와 북방'의 관계가 된다. 이러한 간지와 방위의 관계가 당시에 이야기되고 있었다면, 『관자』「오행」의 간지와 오행의 관계로부터 「사시」의 방위와 오행의 관계는 쉽게 이해될 수 있다. 간지를 매개로 하여 방위와 오행의 관계를 이야기할 수 있기 때문이다. 사실상, 간지가 은나라 때에 이미 사용되고 있었다는 사실로부터 본다면, 간지와 오행의 관계, 또 간지와 방위의 관계라고 하는 각각의 관계의 성립에서 방위와 오행의 관계가 성립되었다고 보는 것이 자연스럽다. 초기의 오행의 성격은 단순한 생활상의 재료일 뿐이고, 방위 또한 오행과 관련이 없는 것이었기 때문이다.

앞서 『관자』「사시」에서 처음으로 방위와 오행의 관계가 나타난다고 언급했는데, 이 「사시」에서 방위에 대해서는 '東方曰星', '南方曰日', '中央曰土', '西方曰辰', '北方曰月'이라고 하고 있다. 이 중의 중앙의 '토'(土)를 제외하고 계절의 순서로 보면 동서남북은 '성(星)·

---

115   『墨子』「貴義」: 帝以甲乙殺靑龍于東方. 以丙丁殺赤龍于南方. 以庚辛殺白龍于西方. 以壬癸殺黑龍于北方. ※「貴義」는 전국시대 중기에서 말기에 걸쳐 저술되었다. (渡邊卓 『古代中國思想の研究』, 創文社, 1984. 538 543쪽 참조.)

일(日)·신(辰)·월(月)'이 되는데, 순서에 관계없이 보면 동서남북의 방위라고 하는 것은 일월성신(日月星辰)을 가리키는 것임을 알 수 있다. 일월성신을 네 방위라고 한다면, 이 방위에서 오행의 재료나 성질의 측면을 찾을 수가 없고, 또한 상승이나 상생 관계도 찾을 수가 없다. 말하자면 여기서 방위와 오행의 관계를 찾을 수가 없다는 것이다.

그런데 일월성신에 관해서는 지상세계와의 관계에서 일찍부터 관심을 가지고 있었고, 이러한 사실은 『상서』「요전」(堯典)[116]을 통해서도 확인할 수 있다.

이에 희씨(羲氏)와 화씨(和氏)에게 명하여 호천(昊天)의 명을 경건하게 따르고 일월(日月)과 성신(星辰)의 운행하는 법상을 책력으로 만들어서 농민이 경작하는 농사철을 경건하게 알려주도록 하였다.[117]

일월성신이 지상세계의 생활의 기준이 되고 있음을 보여주는 문장이다. 그런데 이러한 일월성신을 『관자』「사시」에서 동서남북의 방

---

116 「堯典」의 성립시기에 대해서는 여러 주장이 있는데, 朱廷獻의 『尚書研究』(臺灣商務印書館, 中華民國七十六年(1987), 323 334쪽)에 의하면, 「堯典」의 내용으로부터 볼 때, 적어도 춘추초기 이전에는 성립되었다고 할 수 있다.

117 『尚書』「堯典」: 乃命羲和, 欽若昊天, 歷象日月星辰, 敬授(人)[民]時. ※(人)[民]時의 '人'은 阮刻本의 설명에 따라 '民'으로 고침.

위로 언급하고 있는 사실로부터 본다면, 여기서 방위라고 하는 것은 지상이 아니라 천상의 방위가 된다. 말하자면 이러한 천상의 각 방위가 지상의 계절에 관련되고 있다고 하는 것이다. 사실『상서』「요전」에도 일월성신은 아니지만 별과의 관계에서 계절을 언급하고 있는 부분이 있다.[118] 그리고 계절과 관계되는 별은 동서남북의 별이다.[119] 이러한 사실들을 종합해서 판단한다면, 『관자』「사시」에서 동서남북의 네 방위를 일월성신으로 이야기하면서 계절과의 관계를 말하고 있는 것은, 그 당시에 가지고 있었던 일월성신에 대한 생각과 별과 계절과의 관계에 대한 생각이 섞여 있음을 알 수 있다.

또한「요전」의 동서남북의 별과 계절의 관계로부터 볼 때, 방위와 간지의 관계의 성립은 쉽게 짐작할 수 있다. 그래서 간지와 오행의 관계가 성립됨으로 인해서 방위와 오행의 관계도 성립될 수밖에 없었다고 할 수 있겠다. 그렇지만 방위가 천상의 방위라는 점으로부터 볼 때, 처음부터 방위와 오행이 동등한 입장에서 관계를 맺을 수가 없었다고 할 수 있다. 그래서 앞서 언급했듯이, 『관자』「사시」에서는 방위의 기(氣)에 의해서 오행이 생겨난다고 하고 있는 것이다.

이렇게 해서 오행은 간지 · 방위와 관계를 맺으면서, 간지와 방

118　『尙書』「堯典」: 日中, 星鳥, 以殷仲春. … 日永, 星火, 以正仲夏. … 宵中, 星虛, 以殷仲秋. … 日短, 星昴, 以正仲冬.

119　「堯典」의 [傳]에, "日中, 謂春分之日. 鳥, 南方朱鳥七宿.", "永, 長也, 謂夏至之日. 火, 蒼龍之中星.", "虛, 玄武之中星. 亦言七星, 皆以秋分日見, 以正三秋.", "日短, 冬至之日. 昴, 白虎之中星."라고 하고 있는 사실로부터 확인할 수 있다.

위에 관한 해석을 통하여 오행의 세계를 확장하고 변모시켜갔다. 그리고『관자』「사시」에서는 방위를 중심으로 오행과의 관계가 설명되고 있었지만,『여씨춘추』부터는 그 중심이 계절로 바뀌어 간지나 오행이 설명되고,『회남자』에 이르게 되면 계절을 중심으로 방위와 오행이 설명되고 있다.[120] 이처럼 방위와 오행의 관계도 해석에 따라서 그 관계가 변화되고 있음을 볼 수 있다.

---

120 『呂氏春秋』(《孟春紀》「正月紀」)에서는 "孟春之月, … 其日甲乙. … 是月也, 以立春. 先立春三日, 太史謁之天子曰, 某日立春, 盛德在木."의 형태로 설명되고, 여기서 계절을 중심으로 한 간지나 오행의 설명을 볼 수 있고,『淮南子』(「時則訓」)에서는 "孟春之月, 招搖指寅, 昏參中, 旦尾中, 其位東方, 其日甲乙, 盛德在木."이라는 형태로 설명되는데, 여기서 계절을 중심으로 방위, 간지, 오행이 설명되고 있다. 또한 방위를 일월성신으로 설명하지 않고 별과의 관계만이 보이고 있다.

2. 사시(四時)·음양과 오행의 관계 성립

1) 사시(四時)와 오행

① 사시와 오행의 관계 확립

앞서 음양의 세계가 확립되면서 '하나'에서 분화되는 과정도 확립이 되는 것을 살펴봤다. 『여씨춘추』「중하기」(仲夏紀) 〈대악〉(大樂)에서는 '태일→양의(兩儀)→음양'으로, 『주역』「계사상전」에서는 '태극→양의→사상→팔괘'로, 『회남자』「천문훈」에서는 '천지→음양→사시→만물'의 분화 과정이 각각 설명되고 있는 것을 볼 수 있었다. 그런데 이러한 분화 과정의 설명에서는 오행이 나타나지 않고 있다. 이 분화 과정 중에 오행이 나타나는 것은 『춘추번로』(春秋繁露)의 자료에서 볼 수 있다. 『춘추번로』의 「오행상생」(五行相生)을 보면, "천지의 기(氣)는 합해져서 하나가 되고, 나뉘어져서 음양이 되고, 갈라져서 사시(四時)가 되고, 펼쳐져서 오행이 된다."[121]라고 하여, '일기(一氣)→음양→사시(四時)→오행'의 분화 과정을 설명하고 있다.[122] 그렇다면 시기적으로 『여씨춘추』·「계사상전」·『회남자』까

---

121 『春秋繁露』「五行相生」: 天地之氣, 合而爲一, 分爲陰陽, 判爲四時, 列爲五行.

122 "天地之氣, 合而爲一, 分爲陰陽, 判爲四時, 列爲五行."이라는 문장의 의미는 '一

지는 분화 과정에서 언급되지 않던 오행이, 『춘추번로』의 저술 시기에 이르러 분화 과정에 들어가게 된 것일까.

사실 「계사전」[123]이나 『회남자』, 『춘추번로』의 저술 시기는 거의 동시대라고 할 수 있다. 따라서 저술의 시기를 기준으로 오행이 분화 과정에 들어간 것을 논할 수는 없다. 단지 여기서 이야기할 수 있는 것은, 『춘추번로』「오행상생」에 나타나는 사시(四時)와 오행의 관계가 『여씨춘추』와 『회남자』에도 나타나고 있기 때문에, 당시에 일반적으로 사시(四時)와의 관계에서 오행을 설명하고 있었다고 하는 것이다. 그리고 그러한 설명 속에서 음양을 중심으로 하는 분화 과정에 들어갈 수가 있었다고 하는 것이다. 그럼 다음에 당시의 여러 자료를 통해서 사시와 오행의 관계에 대한 설명을 살펴보도록 하자.[124]

먼저 『관자』의 자료를 통해서 사시와 오행의 관계에 대한 설명

氣→陰陽→四時→五行'의 분화 과정을 설명하는 것으로 이해하고자 한다. 천지의 氣가 '合·分·判·列'의 작용을 통해서 一氣·陰陽·四時·五行으로 되는 것은, 단계적인 분화의 모습이라고 생각한다. 말하자면 一氣·陰陽·四時·五行은 천지의 氣이면서, 合·分·判·列의 작용에 의한 각 단계에 있어서의 분화된 모습이라는 것이다. 그렇기 때문에 一氣·陰陽·四時·五行은 천지의 氣에서 만물로 구체화되어 가는 과정이고, 신정근 옮김, 동중서의 춘추번로, 춘추-역사해석학 (태학사, 2006) 659쪽에서도, 이 부분에 대해서, "1→2→4→5로 이어지는 수의 증가는, 근원 또는 이념이 현실로 점입(漸入)해 들어가는 과정을 표기하고 있는 것이다"고 하고 있다.

123   赤塚忠 등의 『思想史』(중국문화총서3, 大修館書店, 1985) 68쪽에서는, 「계사전」의 성립 시기를, 전국 말기부터 전한 중기까지로 보고 있다. 金谷 治 『易の話』(日本 講談社, 2003) 146쪽에서는, 「계사전」의 성립 시기를, 진시황 말년부터 한나라 초기까지로 보고 있다.

124   전국시대 이전의 저술로 알려진, 『大戴禮記』「夏小正」이나 『詩經』「豳風七月」에도 時令이 이야기되고 있지만, 오행과의 관련은 보이지 않는다.

을 살펴보도록 하자. 앞에서『관자』「오행」의 자료로 '동지(冬至)를 지나 갑자(甲子)의 날이 되면 목행(木行)이 지배한다. … (갑자일부터) 72일이 지나면 마친다. … 병자(丙子)의 날이 되면 화행(火行)이 지배한다. … (병자일부터) 72일이 지나면 마친다. … 무자(戊子)의 날이 되면 토행(土行)이 지배한다. … (무자일부터) 72일이 지나면 마친다. … 경자(庚子)의 날이 되면 금행(金行)이 지배한다. … (경자일부터) 72일이 지나면 마친다. … 임자(壬子)의 날이 되면 수행(水行)이 지배한다. … (임자일부터) 72일이 지나면 마친다.'라는 문장을 인용했다. 이 문장을 통해서 보면, 1년의 360일을 목·화·토·금·수의 오행으로 나누어, 각각의 오행이 각각 72일씩 지배하고 다스린다고 하고 있다. 여기서 한 가지 주목할 점은, 360일을 사시(四時)와 관련시키지 않고, 단지 오행만의 입장에서 오행이 지배하는 시간으로 구분하고 있다는 것이다. 그런데 오행의 입장에서 360일을 보면, 이렇게 다섯 부류로 나누는 것은, 앞서 언급했듯이 당시에 간지와 오행의 결합에 관한 생각이 무르익고 있었다면, 쉽게 생각할 수 있는 분류방법이었다고 할 수 있다. 말하자면 360일에, 동지를 기준으로 하여, 갑자일로부터 72일을 간격으로 병자, 무자, 경자, 임자의 날이 있다는 것은, 이러한 사실을 쉽게 오행과 결부시킬 수 있었다고 할 수 있다. 그렇지만『관자』에서 360일을 항상 오행의 시간으로만 구분하고 있지는 않다.『관자』「사시」에서 볼 수 있듯이, 춘하추동 사시를 중심으로 목·화·금·수와 관련시키고 있다. 그런데 이

음양오행으로 읽는 세계

경우는 사시에서 토(土) 단독의 시간은 언급되지 않고 있다.[125] 이렇듯 『관자』의 자료를 통해 볼 경우, 1년의 360일이나 사시가 오행과 연관되어 설명되고 있는데, 그렇지만 아직 그 사이에 명확한 관계가 성립되고는 있지 않음을 알 수 있다.

다음은 『여씨춘추』의 십이기(十二紀)에 있는 자료를 통해서 오행과 사시의 관계에 대한 당시의 분위기를 확인해 보도록 하자.

> 맹춘(孟春)의 달에, … 일시는 갑을(甲乙)이다. … 이 달에는 입춘(立春)이 들어 있다. 입춘 사흘 전에, 태사(太史)가 천자(天子)에게 '어느 날이 입춘입니다. 왕성한 덕은 목(木)에 있습니다.'고 알린다.[126]

이「정월기」(正月紀)의 문장에서 보는 것과 같은 형식으로 오행을 이야기하고 있는데, 각 계절의 첫 번째 달인 맹춘(孟春:정월)·맹하(孟夏:4월)·맹추(孟秋:7월)·맹동(孟冬:10월)에서만 각 계절의 오행을

---

125 『管子』「四時」에서는 "東方曰星, 其時曰春, 其氣曰風, 風生木與骨, …. 南方曰日, 其時曰夏, 其氣曰陽, 陽生火與氣 …. 中央曰土, 土德實輔四時入出, 以風雨節土益力, 土生皮肌膚, 其德和平用均, 中正無私. 實輔四時, 春嬴育, 夏養長, 秋聚收, 冬閉藏. …. 西方曰辰, 其時曰秋, 其氣曰陰, 陰生金與甲, …. 北方曰月, 其時曰冬, 其氣曰寒, 寒生水與血, …."이라고 하여, 사시의 봄·여름·가을·겨울을 목·화·금·수에 연관시켜 설명하고, 토(土)는 방위만 있고 사시 안에 자신만의 시간은 부여되고 있지 않음을 알 수 있다.

126 『呂氏春秋』《孟春紀》「正月紀」: 孟春之月, … 其日甲乙. … 是月也, 以立春. 先立春三日, 太史謁之天子曰, 某日立春, 盛德在木.

이야기하고 있다.[127] 계절의 나머지 달은 같은 오행에 속한다고 하는 것이다. 그래서 『여씨춘추』에서는 춘하추동의 각각의 세 달을 목·화·금·수와 연관시킬 뿐이고, 토(土)의 경우는, 『관자』「사시」에서처럼, 방위는 부여하고 있지만 사시 중의 일수는 할당하고 있지 않다.[128] 이러한 『여씨춘추』 십이기(十二紀)의 내용은 『예기』(禮記)「월령」(月令)에도 그대로 있는 점으로부터 볼 때, 당시의 오행과 사시의 관계에 관한 관심이 얼마나 많았는가를 짐작할 수 있다.

『회남자』에는, 앞에서 살펴본 『관자』「오행」의 설명처럼, 목·화·토·금·수 각각이 360일 중 72일씩 지배하고 다스린다는 내용도 있고,[129] 『여씨춘추』 십이기(十二紀)처럼, 열두 달로 나누어 설명하면서 각 계절의 첫 번째 달에서 그 계절의 오행을 설명하는 내용

---

127 《孟春紀》「正月紀」와 같은 형식으로, 《孟夏紀》「四月紀」에서 "孟夏之月, … 其日丙丁. … 是月也, 以立夏. 先立夏三日, 太史謁之天子曰, 某日立夏, 盛德在火."라고 하고 있고, 《孟秋紀》「七月紀」에서 "孟秋之月, … 其日庚辛. … 是月也, 以立秋, 先立秋三日, 大史謁之天子曰, 某日立秋, 盛德在金."라고 하고 있고, 《孟冬紀》「十月紀」에서 "孟冬之月, … 其日壬癸. … 是月也, 以立冬. 先立冬三日, 太史謁之天子曰, 某日立冬, 盛德在水."라고 하고 있다.

128 토(土)는 《季夏紀》「六月紀」에 있는데, 「六月紀」의 "季夏之月, … 其日丙丁. … 中央土, 其日戊己."라는 말에서 보듯이, 화(火)의 계절 중에서 방위만 이야기되고 있을 뿐이다.

129 『淮南子』「天文訓」에서는 "壬午冬至, 甲子受制, 木用事, 火煙靑. 七十二日, 丙子受制, 火用事, 火煙赤. 七十二日, 戊子受制, 土用事, 火煙黃. 七十二日, 庚子受制, 金用事, 火煙白. 七十二日, 壬子受制, 水用事, 火煙黑. 七十二日而歲終, 庚子受制. 歲遷六日, 以數推之, 十歲而複至甲子."라고 하여, '壬午'를 동지로 하여, 오행의 각각이 갑자, 병자, 무자, 경자, 임자의 날로부터 72일 동안 정령을 발휘함을 이야기하고 있다. 마지막의 '十歲'는 원본에 '七十歲'로 되어 있으나, 王引之에 따라 '七'을 없앰.

도 있다.[130] 후자의 경우는 『여씨춘추』 십이기와 비슷한 형식으로 설명하고 있고, 사시와 오행의 관계도 춘하추동을 각각 목·화·금·수와 연관시키고 있지만, 토(土)와 사시의 관계에 있어서는 『여씨춘추』 십이기와 그 내용을 달리하여 계하(季夏:6월)를 토의 계절로 하고 있다.[131] 그런데 『회남자』에는 이러한 이전의 설명 방식이 아닌 또 다른 오행과 사시의 관계에 대한 언급도 하고 있다. 『회남자』「천문훈」에 다음과 같은 말이 있다.

갑을인묘(甲乙寅卯)는 목(木)이고, 병정사오(丙丁巳午)는 화(火)이며, 무기사계(戊己四季)는 토(土)이고, 경신신유(庚辛申酉)는 금(金)이며, 임계해자(壬癸亥子)는 수(水)이다.[132]

여기서 '무기사계(戊己四季)는 토(土)이다'의 원문은 '戊己四季土也' 인데, 이 문장의 해석에 대해서는 두 가지의 해석이 있을 수 있다. 하나는 '戊己, 四季土也'로 하여 '무기(戊己)는 사계(四季:네 계절)에 있

130　『淮南子』「時則訓」: 孟春之月, 招搖指寅, 昏參中, 旦尾中, 其位東方, 其日甲乙, 盛德在木. … 孟夏之月, 招搖指巳, 昏翼中, 旦婺女中, 其位南方, 其日丙丁, 盛德在火. … 孟秋之月, 招搖指申, 昏鬥中, 旦畢中, 其位西方, 其日庚辛, 盛德在金. … 孟冬之月, 招搖指亥, 昏危中, 旦七星中, 其位北方, 其日壬癸, 盛德在水.

131　『淮南子』「時則訓」: 季夏之月, 招搖指未, 昏心中, 旦奎中, 其位中央, 其日戊己, 盛德在土.

132　『淮南子』「天文訓」: 甲乙寅卯, 木也; 丙丁巳午, 火也; 戊己四季, 土也; 庚辛申酉, 金也; 壬癸亥子, 水也.

어서의 토(土)이다'라는 해석이고, 또 하나는 '戊己四季, 土也'로 하여 '무기(戊己)와 사계(四季:네 계절의 끝)는 토(土)이다'[133]라는 해석이다. 어떠한 해석을 취하든 사계절의 끝에 토의 자리가 들어오게 된다. 말하자면 오행과 사시의 관계에 대해서 각 계절의 끝에 토의 위치를 부여하여, 봄(목+토)·여름(화+토)·가을(금+토)·겨울(수+토)의 형태로 해석했다고 하는 것이다. 그런데 각 계절의 끝인 辰(季春:3월), 未(季夏:6월), 戌(季秋:9월), 丑(季冬:12월)의 일수(日數)를 모두 토의 날로 하게 되면 오행의 일수가 맞지 않게 된다. 그래서 각 계절의 끝 18일을 토의 날로 하는 해석이 확립되었다고 할 수 있다.[134]

이상에서 『춘추번로』 저술 시기까지의 자료를 통해서, 오행과 사시의 관계에 대한 관심과 그 관계 확립의 흔적에 대해서 살펴봤다. 그 관계 확립은 네 가지 모습으로 나타나고 있었다. 첫째는, 사시의 360일을 오행으로 72일씩 분류하는 것, 둘째는, 사시를 오행 중의 목·화·금·수와 연관시키는 것, 셋째는, 사시를 오행 중의

133 　지금의 인용문에서 본다면, 10干과 12支를 조합하여 오행과 관련시키고 있고, 따라서 '戊己四季'의 '四季'를 12支로 보는 것이 문장의 형태상 타당하다고 할 수 있다. 또한 木火金水와 관계되는 12支에서 빠져있는 12支가 辰未戌丑인데, 『淮南子』「天文訓」의 "帝張四維, 運之以斗, 月徙一辰, 復反其所. 正月指寅, 十二月指丑, 一歲而匝, 終而復始."라고 하는 말로부터 본다면, 辰未戌丑은 각각 季春(3월), 季夏(6월), 季秋(9월), 季冬(12월)으로 '네 계절의 끝'이 된다. 이렇게 볼 때, '戊己四季'의 '四季'는 문장의 형태나 내용에 있어서 '네 계절의 끝'으로 보는 것이 더 타당하다고 할 수 있다. 그렇지만 오행으로 보면 辰未戌丑의 네 달의 일수를 모두 토의 날로 보기는 어렵다.

134 　『五行大義』(隋, 蕭吉) 卷第二「論生死所」의 "土居四季, 季十八日, 并七十二日." 이라는 말로부터 확인할 수 있다.

목 · 화 · 금 · 수와 연관시키면서, 여름의 마지막 6월만을 화(火)가 아닌 토(土)의 계절로 하는 것, 넷째는, 사시를 목 · 화 · 금 · 수와 연관시키고 토(土)를 사시의 끝에 배속시키는 것의 네 가지 모습이다.

오행과 사시가 관련을 가지게 되는 것은, 오행이 간지와 관계를 맺으면서부터 충분히 예상이 가능한 사실이었지만, 그 관계의 형태에 있어서 오행과 다른 요소의 만남과는 다른 것이었다. 말하자면 사시의 '4'와 오행의 '5'를 어떻게 결부시켜야 하는가의 어려움이 있었던 것이다. 이 숫자상의 문제는 단순한 숫자만의 문제가 아니다. 말하자면 사시는 자연현상으로서 이것을 다섯 계절로 보고 싶다고 해서 볼 수 있는 것이 아니다. 당시에 있어서 사시는 천(음양의 분화)에 의해서 펼쳐진 영원불변한 모습이고, 따라서 이 사시에 '5'라는 숫자를 개입시키려고 한 것은 굉장한 사건이었다고 할 수 있다. 그래서 오행과 사시의 관계에 관한 문제는 단순히 오행의 등장만으로 이해할 수 있는 문제가 아니라, 날짜(360일, 사시)의 의미를 가진 간지와 오행이 만남으로 해서 가능했다는 것이다. 그렇기 때문에 사실은 오행과 사시의 관계에 대한 네 가지 모습은 '4'와 '5'를 조절하여 결부시켜 가는 과정이라고 할 수 있다. 그 네 가지 모습 중에서 지금까지도 인정되고 있는 것이 넷째의 '사시를 목 · 화 · 금 · 수와 연관시키고 토(土)를 사시의 끝에 배속시키는 것'이다. 이 넷째의 모습이 언급되고 있는 자료가 『회남자』의 자료이기 때문에, 적어도 한대 초기까지는 사시와 오행의 결합의 형태가 완성되었다고 할 수 있다. 그리고 이 둘의 만남은, 사시가 천에 의해서 펼쳐진 모습이기 때문에, 오행이 사시에 접근하는 쪽으로의 만남이 될 수밖에 없었다고 생각한다. 그 결과가 앞에서 본 것처럼, 사시와 오행의 결합의 모습은 사시에 중심을 더 두고, 토(土)를 어떻게 처리할까 고민하고 있는 모습으로 나타났다고 생각한다. 또한 분화 과정의 숫자의 측면에서 보더라도 사시에 중점을 둔 오행과의 결합이 당연했다고 하겠다.

② 오행의 세계의 변화

사시와 오행의 관계에 네 가지 모습이 있었던 이유로, '4'와 '5'라는 숫자만이 아니라 이 숫자의 배후에 있는 각기 다른 세계에 주목해 볼 필요도 있다. 사시의 세계는 더 이상 설명할 필요가 없겠지만, 오행의 세계는 이 사시의 세계와는 전혀 다른 세계였다. 앞서 언급했듯이 당시의 오행의 세계는 오행상승 이론을 중심으로 하는 세계였다. 따라서 사시와 오행의 관계 정립에 있어서는, '4'와 '5'의 숫자의 해결뿐만 아니라, 각각의 세계도 서로를 받아들일 수 있는 세계로 새로이 해석되어야만 한다. 각각의 세계의 새로운 해석이라고 하는 것은 각각의 세계의 변화를 의미한다.

그렇다면 만남을 통해서 사시의 세계와 오행의 세계는 각각 어떻게 변했을까. 먼저 오행의 세계의 변화를 본다면, 당연히 계절의 요소를 받아들이게 되었다. 토를 어느 계절로 해야 하는가에 대해서

음양오행으로 읽는 세계

는 많은 고민이 있었지만, 그 외의 목·화·금·수에 대해서는 봄·
여름·가을·겨울이 쉽게 배당되어, '목-봄' '화-여름' '금-가을'
'수-겨울'이라는 조합과 함께 두 세계는 서로 연결되어 갔다. 이러
한 계절의 요소를 받아들인 오행의 세계에는 또 다른 변모가 예견되
고 있었다. 바로 오행의 순서에 대한 견해의 변모이다. 앞서 언급한
추연의 오덕종시설에 따르면 오행의 순서는 '토→목→금→화→수'
가 된다. 또한 「홍범」에 의하면 오행의 순서는 '수-화-목-금-토'
가 된다. 그런데 이 오행이 사시를 만나고 사시의 순서로 벌려졌을
때, 일단 토를 제외한다면 오행의 순서는 '목→화→금→수'가 되
고, 토가 중앙의 자리로 결정되면 '목→화→토→금→수'의 순서
가 된다.[135] 따라서 오행이 '목→화→토→금→수'라는 순서를 가
지게 된 계기는 바로 사시와의 만남에 의해서라고 하겠다. 이러한
'목→화→토→금→수'의 순서는 사시의 순환을 그 근거로 하고 있
기 때문에, 여기서 오행상생의 모습도 읽어낼 수가 있는데, 사실
『회남자』「천문훈」에서 사시를 오행과 대응시키면서 "수(水)는 목(木)
을 낳고, 목(木)은 화(火)를 낳고, 화(火)는 토(土)를 낳고, 토(土)는 금
(金)을 낳고, 금(金)은 수(水)를 낳는다."[136]라고 하고 있다. 오행상생

---

135 蘇輿 『春秋繁露義證』「五行之義」의 "天有五行, 一曰木, 二曰火, 三曰土, 四曰金,
五曰水."에 대한 [주]에서 "此與洪範五行之次不同. 洪範一水二火三木四金五土. 鄭康成
以爲本陰陽所生之次是也. 此以 四時更迭休王爲序, 所謂播五行於四時也."라고 하여,
木火土金水의 순서는 오행을 四時에 펼친 것이라고 하고 있다.

136 『淮南子』「天文訓」: 甲乙寅卯, 木也; 丙丁巳午, 火也; 戊己四季, 土也; 庚辛申酉,
金也; 壬癸亥子, 水也. 水生木, 木生火, 火生土, 土生金, 金生水.

이론이 사시와 만나기 이전에 있었는지, 있었다면 어떠한 모습이었는지에 대해서는 알 수 없지만, 지금으로서는 오행이 사시와 만나면서 사시의 순환에 근거한 상생 이론이 만들어지고, 이러한 이론이 오행의 새로운 세계를 만들어갔다고 보는 것이 타당할 것이다. 그리고 사시를 만나 새로이 만들어진 오행 세계의 모습이, 『춘추번로』에서는 근원으로부터의 분화 과정 속에 자리매김하는 모습으로 나타나게 되었다고 하겠다. 또한 유흠이 오행상생 이론에 근거하여 왕조교체를 이야기하게 된 것도 이러한 오행의 세계의 변화를 그 배경으로 하고 있다고 생각된다.[137]

사시와 결합한 오행은 자신의 세계를 변화시킬 뿐만 아니라 사시와 관련된 세계도 당연히 변화시키게 되었다. 『춘추번로』의 '일기(一氣)→음양→사시(四時)→오행'의 분화 과정은 사실은 사시와 관련된 세계의 변화를 의미한다. 그 당시까지의 사시와 관련된 세계는, 『주역』「계사상전」의 '태극→양의→사상→팔괘'나 『회남자』「천문훈」의 '천지→음양→사시→만물'의 분화 과정에서 보듯이, 오행의 개입이 없는 세계였다. 따라서 「계사상전」의 '4(사상)→8(팔괘)'의 분화라는 숫자상 납득하기 쉬운 설명에서 볼 때, '4(사시)→5(오행)'의 분화 과정의 확립은 '5(오행)'에 대한 상당한 믿음이 없고서는 곤란했다고 할 수 있다. 사실은 이 사시와 관련된 세계의 변화는 오행의 세계의

137　양계초, 풍우란 외 (김홍경 옮김), 음양오행설의 연구 (신지서원, 1993) 중의, 사송령의 「음양오행학설사」 561-566쪽에서, 유흠의 오행상생에 근거한 오덕종시설의 구체적인 내용을 설명하고 있다.

　음양오행으로 읽는 세계

변화를 의미하는 것이기도 하다. 이렇듯 사시와 오행의 결합은 당시의 사상계에 많은 변화를 가져온 하나의 사건이었다고 할 수 있다.

그런데 '4(사시)'와 '5(오행)'를 둘 다 천의 현상으로서 믿게 되었다면, 4와 5의 숫자상의 문제는 사실은 인간이 이해하고 설명해야 할 문제로 된다. 그렇기 때문에 이 4와 5의 결합에 대한 관심이 숫자상의 문제를 능가했다고도 할 수 있다. 또한 오행이 사시와 결합했다는 것은, 앞서 언급했듯이, 오행이 생활상의 재료의 의미가 아니라 기(氣)의 의미로 해석되고 있었기 때문에 가능했다고 할 수 있다. 이러한 기(氣)의 의미로 인해서 숫자상의 설명 곤란한 문제가 있음에도 불구하고 사시와 오행은 관련을 가질 수 있었다고 할 수 있다. 기(氣)로 해석됨으로 인해서 오행은 『태극도설』에서처럼 음양과 바로 관계를 맺을 수도 있게 되었는데, 그렇게 되기까지는 오행의 세계가 좀 더 새로운 세계로 해석되는 것을 기다려야만 했다.

오행이 기(氣)로 해석됨으로 해서 인간 외적인 부분만이 아니라 인간의 내면까지도 오행으로 설명되면서 오행의 세계가 변화해가는 모습을 볼 수 있다. 왕충의 『논형』을 보면, 인간의 내면의 '오상(五常)의 성(性)'에 대해서도 '오행의 기(氣)'로서 설명하면서, 이때의 '오행의 기(氣)'를 '오상(五常)의 기(氣)'로 언급하고 이 기(氣)는 '오장'(五臟)에 갖추어져 있다고 하고 있다.[138] 이러한 기(氣)의 차원에서 오상(五

---

138 『논형』「本性」의 "人稟天地之性, 懷五常之氣, 或仁或義, 性術乖也, 動作趨翔, 或重或輕, 性識詭也."라는 문장과, 「物勢」의 "且一人之身, 含五行之氣, 故一人之行, 有五常之操. 五常, 五常之道也. 五藏在內, 五行氣俱."라는 문장을 통해서, '五常의 氣'라는 새

常)을 오행으로 설명한 것은 왕충의 『논형』이 최초의 자료이다. 말하
자면 이것은 왕충이 살던 시대에 이르러, 기(氣)로서의 오행의 의미
가 일반화되고, 인간의 내면까지도 오행으로 설명할 수 있는 사상적
분위기가 형성되어 있었다는 것을 의미한다. 이렇게 해서 오행의 세
계는 오상(五常)까지도 포함하게 되고, 인간의 내면까지도 설명할 수
있는 개념으로 되어 갔다.

또한 오행의 세계의 변화의 모습으로, 오행의 상승 개념이 수
(隋)나라 때 소길(蕭吉)의 『오행대의』에서는 '오행상극' 개념으로 언급
되고 있는 것을 지적하지 않을 수 없다. 『오행대의』에서는 '상극'의
'극'의 의미를 '억제하고 벌하다'의 의미로 해석하고, 구체적으로는
'힘이 강한 것이 약한 것을 억제하는 것'으로 설명하고 있다.[139] 그리
고 이러한 '극'의 의미에 대한 근거로서 『백호통』과 『춘추번로』의 문
장을 제시하고 있다. 그렇지만 이 『백호통』과 『춘추번로』에서 '극'이
라는 개념을 쓰고 있는 것은 아니다. 단지 『오행대의』에서 오행의
'극'의 의미를 주장하기 위해서 근거로서 인용하고 있을 뿐이다. 『백
호통』에서 그 근거로 인용하고 싶었던 것은, 오행의 각각의 '극'의
관계는 그 속성에 있어서 그렇게 되어 있다는 내용으로서, 예를 들
어 목(木)과 토(土)의 관계를 본다면, 그 속성이 각각 '專(전일함)'과 '散
(흩어짐)'이기 때문에 속성상 목(木)이 이길 수밖에 없다는 내용 등을

로운 오행의 해석과, 오행과 오장의 관계를 볼 수 있다.

139 『五行大義』「第十論相剋」: 剋者, 制罰爲義, 以其力强能制弱.

음양오행으로 읽는 세계

그 근거로 제시하고 싶었다는 것이 되겠다.[140] 또한『춘추번로』를 통해서는, 사회 속에서 임금과 관료와 백성 등의 사이에서 올바름을 잃은 상대를 억제하고 벌하는 내용을, '극'을 설명하기 위한 내용으로 제시하고 있다.[141] 이『백호통』과『춘추번로』를 통해서 볼 수 있는 오행상승은 그 속성에 의한 하나의 원리로서의 모습인데, 결국 이러한 오행상승의 속성상의 원리를 근거로 하여,『오행대의』에서는 '상승'을 '상극'으로 표현하면서 나름의 해석을 하고 있다고 하겠다.

이러한『오행대의』에서의 상극 개념의 등장은 오행의 새로운 해석이 된다. 그런데 여기서 오행의 상승 개념이 있는데 왜 상극 개념이 등장하게 되었을까를 생각해 보지 않을 수 없다. 앞서 오행상승을 설명하면서 오행의 상승 원리의 성립에는 조건이 필요하다고 하는 이야기도 있음을 살펴봤는데, 이러한 오행의 상승 원리의 한계를 벗어나 상승을 보편적인 원리로 만든 것이 상극으로의 해석이 아닐까 한다. 오행상승의 속성상의 원리를 근거로 하여 '힘이 강한 것이 약한 것을 억제한다'고 할 경우, 오행의 상승 원리의 성립을

---

140   『五行大義』「第十論相剋」: 白虎通云, 木剋土者, 專勝散. 土剋水者, 實勝虛. 水剋火者, 眾勝寡. 火剋金者, 精勝堅. 金剋木者, 剛勝柔. ※여기서 각각의 오행의 상승의 관계를 그 속성에 있어서 설명하고 있음을 볼 수 있다.

141   『五行大義』「第十論相剋」: 春秋繁露云, 木者, 農也, 農人不順如叛, 司徒誅其率正矣, 故金勝木. 火者, 本朝有讒邪, 熒惑其君, 法則誅之, 故水勝火. 土者, 君大奢侈, 過度失禮, 民叛之窮, 故木勝土. 金者, 司徒弱, 不能使眾, 則司馬誅之, 故火勝金. 水者, 執法阿黨不平, 則司寇誅之, 故土勝水. ※여기서 인용하는『춘추번로』는,『춘추번로』「五行相勝」의 각 오행의 결론적인 부분을 발췌하여 인용하고 있다.

위한 또 다른 조건은 필요가 없게 된다. 그래서 이긴다고 하는 상승 개념 대신에 억제하고 벌한다는 상극 개념을 쓰게 되었다고 할 수 있다. 이렇게 볼 때 오행상극 개념의 사용은, 오행상승의 원리가 경험적인 재료의 의미를 완전히 탈피하여 보편적인 원리로 해석되게 되었다는 것을 의미한다. 또한 이것은 오행이 중국사상 속에서 세계를 설명하는 하나의 원리로 자리를 잡아가는 과정 중의 해석이라고 하겠다.

2) 음양과 오행

앞서 『춘추번로』 「오행상생」의 '일기(一氣)→음양→사시→오행'이라는 분화 과정을 소개했는데, 이 분화 과정에 이어서 오행의 '행'(行)의 의미를 "행(行)이란 가는 것이다. 그 가는 것이 같지 않기 때문에 오행이라고 한다."[142]고 하고 있다. 여기서 다섯 가지로 그 길을 가는 오행은 사시와 관련이 되는 것이다. 오행을 하나의 분화 과정으로 특별히 그 의미를 설명하고 있는 점으로부터 볼 때, 사시와 오행의 관계가 『춘추번로』에 이르러 근원으로부터의 분화 과정 속에서 완벽하게 결합되었다고 할 수 있다. 이렇게 해서 오행은 결국은 천에까지 그 근거를 둘 수 있게 되었다. 『춘추번로』 「오행지의」(五行之

---

142 『春秋繁露』「五行相生」: 行者行也, 其行不同, 故謂之五行.

義)를 보면,

> 천에는 오행이 있다. 첫째는 목(木), 둘째는 화(火), 셋째는 토
> (土), 넷째는 금(金), 다섯째는 수(水)라고 한다. 목은 오행의
> 시작이고 수는 오행의 끝이고 토는 오행의 중간이다. 이것
> 은 천이 차례를 정한 순서다. 목이 화를 낳고, 화가 토를 낳
> 고, 토가 금을 낳고, 금이 수를 낳고, 수가 목을 낳는 것은
> 부자(父子)이다.[143]

라고 하여, 오행은 천에 있는 존재이고, 또 천에 의해서 그 차례
가 정해져 있고, 오행의 상생은 부자관계라고 하고 있다. 오행의 세
계가 천에 의해서 펼쳐지는 세계로서 해석되게 된 것이다.

오행이 사시와 만나 결합되는 가운데 오행의 세계는 그전과는
다른 새로운 모습을 가지게 되었는데, 오행은 이러한 새로운 모습
속에서 사시와의 관계에 관한 주목할 만한 변화를 초래했다.『관자』
「사시」를 보면, 춘기(春氣)・하기(夏氣)・추기(秋氣)・동기(冬氣)에 의해
서 목・화・금・수가 생겨남을 이야기하고 있다.[144] 그런데『춘추번

---

143 『春秋繁露』「五行之義」: 天有五行. 一曰木, 二曰火, 三曰土, 四曰金, 五曰水. 木,
五行之始也; 水, 五行之終也; 土, 五行之中也. 此其天次之序也. 木生火, 火生土, 土生
金, 金生水, 水生木, 此其父子也.

144 『管子』「四時」: 然則春夏秋冬將何行. 東方曰星, 其時曰春, 其氣曰風, 風生木與
骨, …. 南方曰日, 其時曰夏, 其氣曰陽, 陽生火與氣, …. 西方曰辰, 其時曰秋, 其氣曰
陰, 陰生金與甲, …. 北方曰月, 其時曰冬, 其氣曰寒, 寒生水與血, ….

로」「오행지의」에서는, "목은 동방에 있으면서 춘기(春氣)를 주관하고, 화는 남방에 있으면서 하기(夏氣)를 주관하고, 금은 서방에 있으면서 추기(秋氣)를 주관하고, 수는 북방에 있으면서 동기(冬氣)를 주관한다."[145]고 하여, 천에 있는 오행이 각각 사방에 있으면서 각 계절의 기(氣)를 주관한다고 하고 있다. 『관자』와 『춘추번로』에서의 사시와 오행의 관계에는 큰 차이가 보여 진다. 『관자』에서는 계절의 기(氣)에 의해서 오행이 생겨남을 이야기하고 있는데, 『춘추번로』에서는 천에 오행이 있고 이 오행이 계절의 기(氣)를 주관한다고 하여, 『관자』에서보다는 더 높은 오행의 위상을 볼 수 있다. 심지어는 "수(水)는 겨울이고, 금(金)은 가을이고, 토(土)는 계하(季夏)이고, 화(火)는 여름이고, 목(木)은 봄이다."[146]라고 하는 것처럼, 오행에 계절을 대응시키는 표현을 쓰기도 한다. 여기서 오행이, 사시에서 나타나게 되는 분화 과정이기는 하지만, 그 위상이 사시와 동등한 정도로 되고 있는 것을 볼 수 있다.

그런데 여기서 한 가지 언급이 필요한 것은, 『관자』와 『춘추번로』의 자료의 내용과 그 저술 시기에 관련된 문제이다. 사실 지금까지 밝혀진 『관자』의 저술 시기를 본다면, 『춘추번로』의 저술 시기와 그 선후를 밝히기 어렵다. 그렇기 때문에 앞의 오행에 관한 설명도

---

145 『春秋繁露』「五行之義」: 是故木居東方而主春氣, 火居南方而主夏氣, 金居西方而主秋氣, 水居北方而主冬氣.

146 『春秋繁露』「五行對」: 水爲冬, 金爲秋, 土爲季夏, 火爲夏, 木爲春.

음양오행으로 읽는 세계

저술 시기로 그 위상이 높아졌다는 이야기는 할 수 없다. 그렇지만 저술 시기를 논하지 않더라도 오행의 위상을 높이는 해석이 나왔다는 것은 인정할 수밖에 없다. 또한 사시와 오행의 관계에서 본다면 오행의 위상이 낮은 해석에서 그 위상이 높아지는 해석 쪽으로 나아가는 것이 상식적인 해석이 된다. 그렇게 볼 때『관자』「사시」에 언급된 오행 설명은『춘추번로』의 오행 설명보다 그 시기가 빠른 설명이라고 할 수 있다.

『춘추번로』「오행상생」의 분화 과정 중에서, 사시의 분화를 거쳐 오행의 분화에 이르는 단계를 '펼쳐져서 오행이 된다[列爲五行]'라고 표현하고 있다. 여기서 '펼쳐지다'(列)의 의미를 다시 해석해 본다면, 사시로 분화된 기(氣)가 다섯 가지 길(오행)로 '펼쳐지다'라는 의미가 된다. 그런데 사시의 다섯 가지 길인 오행은,『춘추번로』에서는 앞에서 살펴보았듯이, 천에 있는 존재이고 또 천에 의해서 그 차례가 정해져 있는 것이다. 이렇게 본다면,『춘추번로』에서의 사시와 오행의 관계는, 천에 의해서 정해진 오행의 길로 사시가 펼쳐진다,라고 설명할 수 있다. 따라서『춘추번로』에서의 오행은,『관자』에서 언급하듯이 계절의 기(氣)에 의해서 생기거나, 계절에만 소속된 것이 아니게 된다.[147] 그래서 오행을 중심으로 계절(四時)을 설명할 수 있었다고 생각한다.

147　『春秋繁露』의「五行相勝」「五行相生」「五行逆順」등의 편에서 오행의 원리로 관직이나 사회를 설명하는 것도 볼 수 있다.

이처럼 오행과 사시의 관계는, 그 관계가 분화 과정 중에 확립되면서 점차 오행에 힘이 실리게 되고, 그리고 오행이 사시와 동등한 비중으로까지 해석되면서, 사시와 오행은 자연 및 인간사회를 설명하는 두 가지 개념으로 확립되었다고 할 수 있다. 사시는 오행이 아니면 설명할 수 없게 되었다. 사시는 천에 의해서 차례가 정해진 오행을 통해서만 설명이 가능하게 되었다. 그래서 앞의『춘추번로』「오행지의」의 인용문에서 보는 것처럼, 오행이 계절의 기(氣)를 주관한다고 하고 있는 것이다.

여기서 잠깐 오행과 간지(干支)의 관계를 살펴본다면, 이러한 오행의 해석의 변화는 당연히 간지의 이해에도 영향을 끼칠 수밖에 없었다고 생각한다. 후한(後漢)의 왕충(王充)이 저술한『논형』(論衡)을 보면, 당시에 유행하던 세간의 믿음을 미신이라고 강력하게 비판하는 내용이 많은데, 그러한 비판 중에 '갑을(甲乙)의 신(神)'에 대한 비판도 있다.[148] 이러한 '갑을의 신'이라고 하는 개념은, 오행과의 관계에서 오행에 대한 해석의 변화와 함께 생각할 수 있는 것이 아닐까 한다. 이렇게 해서 간지는 단순한 날짜의 기록부호에서, 천으로부터의 기(氣)의 흐름 속에서 설명이 가능한 모습으로 바뀌어 갔다고 하겠다. 또한 간지는 오행으로 인해서 성립되었다는 해석도 나오게 되었

---

148   『論衡』「詰術」의 "詰曰, 夫人之在天地之間也, 萬物之貴者耳. 其有宅也, 猶鳥之有巢, 獸之有穴也. 謂宅有甲乙, 巢穴復有甲乙乎. 甲乙之神, 獨在民家, 不在鳥獸何."라는 문장에서 '갑을의 신'에 대한 당시의 믿음과 왕충의 비판의 태도를 엿볼 수 있다.

다.[149]

 오행의 근거를 천에 둔다는 것은, 해석에 따라서는 사시와 관계 없이, 천으로부터 바로 오행으로의 분화를 이야기할 수 있는 가능성이 생겼다는 것을 의미한다. 사실 수(隋)나라 소길(蕭吉)의 『오행대의』「논구궁수」(論九宮數)를 보면, '역(易)→태일(太一)→천지(천)→오행(수 → 목 → 화 → 토 → 금)→팔괘(八卦)→십이월(十二月)→지(地)'라는 분화 생성의 순서를 제시하고 있다.[150] 이것은 「계사상전」의 분화 과정을 염두에 둔 설명임에 틀림없지만, 분화 생성에서 둘로 분화되는 규칙을 완전히 무시하고 있다. 「계사상전」 등의 둘로 분화되는 규칙은 오행의 등장으로 인해 무너지게 되었지만, 오행의 근거를 천에 둠으로 해서 『춘추번로』에서의 분화 과정도 무시되고, 천지에서 바로 오행의 생성을 이야기하고 있다고 생각된다.

 천지에서 바로 오행이 분화되었다는 생각을, 언제 어느 정도의 사람이 가지고 있었는지에 대해서는 구체적으로 논할 수는 없지만, 『오행대의』「논구궁수」에서 보는 것과 같은 생각이 있었다고 하는 것은 중요하다. '천지→오행'의 분화 과정에서 천지를 음양으로 바꾸

---

149 「五行大義」「釋名」〈論支干名〉: 支乾者, 因五行而立之.

150 「五行大義」「論數」〈論九宮數〉: 八卦既成. 問曰, 八卦從何而始. 曰, 因五行生. 又問, 五行因何生. 曰, 因天地生. 天地因何生. 曰, 因太一生. 太一因何生. 曰, 因易生. 故云, 易有太極, 是生兩儀. 故變易字爲太一, 變太一字爲天, 天一生, 地二生也. 變天字爲水, 天生水也. 變水字爲木, 水生木也. 變木字成火, 木生火也. 變火字成土, 火生土也. 變土字成金, 土生金也. 變金字成八卦字, 八卦因五行生也. 變八卦字爲十二月字, 八卦所主月也. 變十二月字成地, 出萬物以終歸乎地也. 此九宮八卦創制之法.

면 바로 음양에서 오행이 분화된다는 이론이 가능하게 되는 것이다. 사실 『춘추번로』「오행상생」의 천지의 기(氣)가 음양으로 분화된다는 말에서도 볼 수 있지만, 한대(漢代) 이후는 일반적으로 천지의 내용을 음양으로 보고 있었다고 할 수 있다. 따라서 『오행대의』「논구궁수」에서 보는 것과 같은 생각에 이미 『태극도설』의 '태극→음양→오행'과 같은 분화 과정이 잉태되어 있었다고 할 수 있다.

　오행이 사시와의 관계를 떠나서 천지에서 바로 분화된다는 생각의 등장은 오행과 음양의 새로운 관계 탄생의 가능성을 의미한다. 『춘추번로』에서와 같은 분화 과정의 틀을 벗어나, 사시를 건너뛰어 오행이 음양에서 바로 분화되는 형태로 정립될 수 있다는 것이다. 이러한 오행과 천지(음양)의 관계의 가능성과 결과로부터 본다면, 분화 과정 중에서 오행과 사시의 관계 중시로부터 오행과 음양의 관계 중시로의 전환은, 시간은 걸릴지 몰라도 예견된 모습이었다고도 할 수 있다. 분화 과정에서 오행과 음양의 관계의 성립을 수(隋)나라 때의 『오행대의』에서 볼 수 있다는 것은, 이러한 분위기 속에서 『주역』「계사상전」을 근거로 하는 『태극도설』의 분화 과정의 성립도 있을 수 있었다는 것을 의미한다.

　이상에서 음양과 오행의 관계 확립을 둘러싼 생각의 변화에 대해서 살펴봤다. 오행이 천으로부터의 분화 과정에 들어와 직접 음양과의 관계에서 설명되기까지 많은 시간이 걸렸지만, 결국 『태극도

음양오행으로 읽는 세계

설』의 '태극→음양→수화목금토(오행)'[151]라는 것과 같은 분화 과정으로 설명되기에 이르렀다. 오행은 사시에서 분화되는 것이 아니라 음양에서 분화되는 존재가 되었다. 이러한 『태극도설』에서의 음양과 오행의 관계 중시는, "양(陽)이 변하고 음(陰)이 합하여 수화목금토(水火木金土)를 낳고, 이 다섯 가지 기(五氣)가 순차로 펴져 사시가 운행된다(四時行)."[152]라는 설명으로 나타나고 있다. 여기서는 이전의 사시와 오행의 관계가 역전되고 있다. '오행'(五行)은 다섯 가지로 펼쳐지는 길이 아니라 '다섯 가지 기'(五氣)가 되고, 이 오행(五氣)에 의해서 사시가 운행된다(四時行)는 해석을 하고 있다.

오행에 대한 해석의 변화로 인해 『태극도설』에서와 같은 음양과 오행의 관계가 성립되게 된 것은, 분화 생성에서 둘로 분화되는 숫자상의 규칙을 완전히 무시했기 때문에 가능했다고 할 수 있다. 『춘추번로』「오행상생」의 '일기(一氣)→음양→사시(四時)→오행'이라는 분화 과정은, 사시의 '4'와 오행의 '5'의 결합에 관련된 해석을 통해서 나왔기 때문에, 둘로 분화되는 숫자상의 규칙을 가능한 한 지키는 범위 내에서의 해석이다. 그렇지만 『태극도설』에서와 같은 음양과 오행의 관계는 둘로 분화되는 숫자상의 규칙을 도외시한 해석이다. 이것은 결국 근본존재에서 분화되는 숫자상의 규칙보다

---

151 周敦頤 『太極圖說』: 無極而太極. 太極動而生陽, 動極而靜, 靜而生陰, 靜極復動. 一動一靜, 互爲其根. 分陰分陽, 兩儀立焉. 陽變陰合, 而生水火木金土.

152 『太極圖說』: 陽變陰合, 而生水火木金土, 五氣順布, 四時行焉.

는, 분화의 내용에 중점을 두는 생각으로 바뀌어 있었다는 것이 된다. 앞에서 언급한 『오행대의』「논구궁수」의 '역(易)→태일(太一)→천지(천)→오행(수 → 목 → 화 → 토 → 금)→팔괘(八卦)→십이월(十二月)→지(地)'라는 분화 과정에서, 분화의 숫자상의 규칙이 무시되고 분화의 내용에 중점을 두는 해석을 볼 수 있다.

오행을 천지에서 바로 이야기할 정도로 오행의 중요성이 강조되면, 분화 과정의 숫자상의 규칙은 그만큼 약해질 수밖에 없다. 이러한 분위기 속에서라면, 설령 분화 과정의 숫자상의 규칙에 문제점을 느낀다 하더라도, 그러한 것을 문제로 삼지 않을 수 있다. 말하자면 『태극도설』에서와 같은 분화 과정에의 믿음을 가지고 「계사상전」 등의 분화 과정을 본다면, 숫자상의 규칙을 왜 지켜야 하는지 이해할 수 없게 될 수도 있다는 것이다. 오히려 『태극도설』의 분화 과정이라는 새로운 관점 위에서 이전의 숫자상의 규칙을 지키는 분화 과정을 새로이 해석한다는 생각을 가지고 있었을 수도 있다. 『태극도설』에서의 오행과 사시에 대한 설명을 통해서 이러한 점을 충분히 엿볼수 있다.

『태극도설』에서 분화 과정의 숫자상의 규칙을 도외시하고 음양과 오행을 중심으로 한 분화 과정을 주장했지만, 그렇다고 해서 숫자상의 규칙을 지키는 분화 과정과의 사이의 문제점이 해결된 것은 아니다. 따라서 언젠가 다시 분화 과정의 숫자상의 규칙에 초점이 맞추어질 때, 『태극도설』의 분화 과정도 새로이 해석될 수밖에 없다

음양오행으로 읽는 세계

고 할 수 있다. 사실, 『태극도설』에서 많은 시간이 흘러, 심효첨(沈孝瞻, 1696~1757)의 『자평진전』(子平眞詮)에 이르게 되면, 분화 과정의 숫자상의 규칙에 초점을 맞춘 설명이 시도되고 있다. 『자평진전』「논십간십이지」(論十干十二支)에 다음과 같은 문장이 있다.

> 천(天)과 지(地) 사이는 일기(一氣)일 뿐이다. 오직 동(動)함과 정(靜)함만이 있어서 마침내 음(陰)과 양(陽)으로 나누어지고, 노(老)함과 소(少)함이 있어서 마침내 사상(四象)으로 나누어진다. 노(老)함이란 움직임이 극(極)에 이르거나 고요함이 극에 이른 시기이니, 이것은 태음(太陰)과 태양(太陽)이다. 소(少)함이란 움직임이 시작되거나 고요함이 시작되는 단계이니, 이것은 소음(少陰)과 소양(少陽)이다. 이러한 사상(四象)이 있고 나서 오행이 그 가운데에 갖추어진다. 수(水)는 태음이고, 화(火)는 태양이며, 목(木)은 소양이고, 금(金)은 소음이며, 토(土)는 음양의 노소(老少)인 목·화·금·수의 충기(沖氣)가 응결된 것이다.[153]

---

153 『자평진전』「論十干十二支」: 天地之間, 一氣而已. 惟有動靜, 遂分陰陽. 有老少, 遂分四象. 老者極動極靜之時, 是爲太陰太陽; 少者初動初靜之際, 是爲少陰少陽. 有是四象, 而五行具於其中矣. 水者, 太陰也; 火者, 太陽也; 木者, 少陽也; 金者, 少陰也; 土者, 陰陽老少木火金水沖氣所結也.

일기(一氣)에서 음양으로 나누어지고, 음양에서 사상(四象)으로 나누어지는데, 이 사상(四象)이 바로 수화목금(水火木金)의 사행(四行)이고, 이 사행(四行)의 응결에 의해서 토(土)가 생하여 오행이 갖추어짐을 이야기하고 있다. 간단하게 정리하면 '일기(一氣)→음양→사상(四象)=사행(四行)(→ 오행)'이 되고, '1→2→4(=5)'라고 하는 형태로 일기(一氣)에서부터 오행까지의 분화 과정을 설명하는 것이 된다. 여기서 주목해야 할 것은, '사상(四象)=사행(四行)(→ 오행)'의 관계인데, 오행을 사행(四行:수화목금)과 일행(一行:토)으로 나누어, 사상(四象)을 사행(四行)과 결합시키고 오행을 사행(四行) 내부의 문제로 해석함으로해서, 음양과 사상(四象)과 오행의 숫자상의 문제를 해결했다고 하는 것이다.

음양과 사시(사상), 오행의 관계가 근본존재에서부터 모순 없는 분화 과정으로서 설명이 가능하게 될 때, 천을 근간으로 하는 모든 중국사상이 진정한 의미에서 하나의 범주 안에 들어오게 되고, 오행과 간지의 관계로부터 십간(十干)과 십이지(十二支)도 이러한 범주 안에서 설명이 가능하게 된다. 『자평진전』에서는 오행이 음과 양으로 나누어지면 십간이 되고,[154] 또 십간과 십이지는 천(天)과 지(地)로 나누어 그 천지의 대응관계 속에서 십간과 십이지의 관계를 설명하고,

---

154 『자평진전』「論十干十二支」의 "有是五行, 何以又有十干十二支乎? 蓋有陰陽, 因生五行, 而五行之中, 各有陰陽. 即以木論, 甲乙者, 木之陰陽也."라는 문장을 통해서, 五行의 陰陽으로서의 十干에 대한 설명을 볼 수 있다.

이 십간과 십이지에 의해서 만물의 형성을 설명하고 있다.[155] 이렇게 해서 『자평진전』에 이르러서, 근본존재에서 십이지까지의 자연과 인간을 설명하는 요소들이, 하나에서 둘로 분화되는 분화 과정 속에서 설명되게 되었다. 결국, '일기(一氣)→음양→사상(四象)=사행(四行)(→오행)→십간(=십이지)→만물'의 형태로, 오랜 중국 역사 속에서 탄생한 '자연과 인간을 설명하는 요소들'이 둘로 분화되는 과정으로 논리정연하게 설명되게 되면서, 『태극도설』에서와 같은, 분화 과정 속에서 중시된 음양과 오행의 관계도, 사상(四象:사시)과 함께 논리에 맞는 새로운 음양과 오행의 관계를 가지게 되었다고 할 수 있다.

---

155 『자평진전』「論十干十二支」의 "何以復有寅卯? 寅卯者, 又與甲乙分陰陽天地而言之者也. 以甲乙而分陰陽, 則甲爲陽, 乙爲陰, 木之行於天而爲陰陽者也. 以寅卯而分陰陽, 則寅爲陽, 卯爲陰, 木之存乎地而爲陰陽者也. 以甲乙寅卯而統分陰陽, 則甲乙爲陽寅卯爲陰, 木之在天成象而在地成形者也. 甲乙行乎天, 而寅卯受之; 寅卯乎乎地, 而甲乙施焉. 是故甲乙如官長, 寅卯如該管地方. 甲祿於寅, 乙祿於卯, 如府官之在郡, 縣官之在邑, 而各施一月之令也."라는 문장에서, 十干과 十二支를 天과 地에 있어서의 대응하는 부분으로 설명하고, 十干과 十二支에 의해서 만물의 형성을 설명하고 있는 것을 볼 수 있다.

3. 오행의 사회

오행은 천으로부터의 분화 과정에 참여하면서 자신의 세계를 확립해 갔다. 그렇기 때문에 오행의 원리도 천으로부터의 분화 과정 속에서 해석되고 확립되어 갔다. 오행의 원리라고 하면 '상생'(相生)과 '상승'(相勝)의 원리이다. 이 오행의 상생과 상승의 원리가 어떻게 확립되는지에 대해서는 앞서 살펴본 대로인데, 일단 이러한 오행의 원리가 확립되게 되면, 이후의 오행의 세계는 이러한 원리를 벗어나서 이해할 수 없는 세계가 된다. 따라서 오행이 천으로부터의 분화 과정에 참여하여 자연이나 인간, 인간사회 등을 해석하게 될 때는 이 오행의 원리를 통해서 접근할 수밖에 없게 된다.

여기서는 이러한 오행의 원리에 의한 인간사회의 해석을 살펴보고자 하는데, 그 이전에 한 가지 언급해 두어야 할 사실이 있다. 바로 오행의 세계의 범위에 대한 문제이다. 앞서 언급한 오행의 해석에 의한다면 오행의 세계의 범위에는 두 가지 다른 범위가 인정된다. 『춘추번로』에서는 '일기(一氣)→음양→사시→오행'의 분화 과정이, 『태극도설』에서는 '태극→음양→오행→사시행(四時行)'의 분화 과정이 이야기되고 있기 때문이다. 말하자면 사시의 범주 안에서 인정되는 오행의 세계와 음양의 범주 안에서 사시를 포함하는 오행의 세계가 있게 된다. 이 두 오행의 세계에서 보면, 『춘추번로』의 오행의 세계는 인간사회와 관련된 세계라고 할 수 있다. 그렇지만『태극 도설』의 경우는 오행을 '오기'(五氣)로 해석하면서, 사시의 운행의 근 거로, 만물 생성의 요소로 설명하고 있기 때문에, 인간사회와는 직 접 관련이 없는 세계라고 할 수 있다. 그래서 오행의 사회를 살펴봄 에 있어서는『춘추번로』의 오행 해석을 기준으로 한다.『춘추번로』에 는 「오행상생」(五行相生)이나 「오행상승」(五行相勝) 등의 여러 편(篇)에 서 오행의 원리로 사회를 해석하고 있다. 이러한 편의 내용을 다음 에 구체적으로 살피면서 오행의 원리를 적용한 사회의 해석을 밝혀 보고자 한다.

1) 오행상생으로 해석하는 사회

『춘추번로』「오행상생」의 첫머리에서, 천지의 기(氣)에서 오행까 지의 분화를 이야기하고, 이어서 오행의 '행'(行)의 의미를 그 가는 것이 같지 않기 때문에 오행이라고 한다는 설명에 대해서 앞서 살펴 봤다. 이 설명에 이어 다음과 같은 설명을 하고 있다.

> 오행이란 오관(五官)이다. (오행은) 이웃해 있는 것은 서로 낳 고(相生), 사이를 두고 하나 건너뛴 것은 서로 이긴다(相勝). 그러므로 (오관은) 다스림을 함에, 그것을 거스르면 어지러워

지고, 그것을 따르면 다스려진다.[156]

여기서 오행을 오관(五官)이라고 하는 것은 오행으로 관직을 해석한 것이다. 물론 이것은 오행의 세계에 대한 해석이기도 하다. 이 「오행상생」에서 오행의 분화를 '펼쳐져서(列) 오행이 된다'고 표현하고 있는데, 펼쳐져서 오행이 되는 것 중에 인간의 사회가 포함되는 것이다. 그래서 인간사회의 원리는 바로 오행의 원리가 되는데, 여기서는 인간사회의 관직의 원리를 오행으로 설명하고 있다. 오행의 원리는 상생(相生)과 상승(相勝)이고, 이 원리에 따라야만 다스려진다고 하는 것을 기본적인 원칙으로 제시하고 있다. 이 원칙에 근거하여 이 「오행상생」 편에서는 관직의 상생 관계를 설명하고, 「오행상승」에서는 관직의 상승 관계를 설명하고 있다.

여기서는 오행상생 원리로 해석하는 사회에 대해서 살펴보고자 하는데, 앞서 언급한 「오행상생」의 인용문에 이어서 다섯 관직(五官)의 상생 관계를 설명하고 있다. 먼저 설명 방법을 보면 일정한 형식이 있다. 각 오행의 첫머리에서 방위와 오행의 관계, 국가에 있어서의 직무·관직과 오상(五常)의 관계를 밝히고, 마지막에 상생의 이유와 관직을 이야기하는 형식으로 설명하고 있다. 그럼 오행상생의 순서대로 살펴보도록 하자.

---

156 「춘추번로」 「五行相生」 : 五行者, 五官也. 比相生而間相勝也. 故爲治, 逆之則亂, 順之則治.

목(木)의 경우를 보면, 첫머리에서 "동방(東方)은 목(木)이고, 농사의 근본이다. 사농(司農)은 인(仁)을 숭상한다."[157]고 하여, 방위는 동방이고, 국가에 있어서의 직무는 농사고, 관직은 인(仁)을 숭상하는 사농에 해당함을 밝히고 있다. 이 사농이 자신의 역할을 충실이 하면, 집집마다 넉넉하고 창고가 충실한 결과를 초래하게 되고, 그 곡식을 사마(司馬)가 재화로 삼게 되는데, 사마는 조정(朝廷)에 근본을 세우고 화(火)가 되기 때문에 목(木)은 화(火)를 낳는다고 설명하고 있다.[158] 말하자면 사농(木)에 의해서 풍족해진 곡식을 재화로 삼아 일하는 것이 사마(火)이기 때문에, 국가의 직무(관직) 상에 있어서 목(木)과 화(火)의 상생 원리가 작용하고 있다는 것이다.

화(火)의 경우는, 방위는 남방(南方)이고, 국가에 있어서의 직무는 조정에 근본을 세우는 것이고, 그 관직은 지혜(智)를 숭상하는 사마(司馬)라고 하고 있다.[159] 그리고 이 사마가 자신의 역할을 충실히 하게 되면, 주공(周公)이 성왕(成王)을 도와 천하를 안정시킨 것과 같이 되고, 그렇게 되면 군주의 지위가 편안하게 되는데, 그 군주를 보좌할 관직이 토(土)에 해당하는 사영(司營)이기 때문에 화(火)는 토

---

157 『춘추번로』「五行相生」: 東方者木, 農之本. 司農尙仁.

158 『춘추번로』「五行相生」: 積蓄有余, 家給人足, 倉庫充實. 司馬實穀. 司馬, 本朝也. 本朝者火也, 故曰木生火. ※司馬實穀 : 『春秋繁露義證』에서 '實'은 盧本에 '食'으로 잘못 되어 있다고 함.

159 『춘추번로』「五行相生」: 南方者火也, 本朝. 司馬尙智.

(土)를 낳는다고 한다.[160] 사마(火)에 의해서 조정이 안정되면 다음은 군주를 보좌할 사영(土)의 역할로 이어진다고 하는 의미에서 화(火)와 토(土)의 상생 원리를 설명하고 있다.

토(土)의 경우는, 방위는 중앙이고, 국가에 있어서의 직무는 군주의 직무이고, 그 관직은 믿음(信)을 숭상하는 사영(司營)이라고 하고 있다.[161] 사영의 역할은 군주가 할 수 있는 나쁜 짓을 방비하고 그 근원을 끊고, 척도를 제시하고 공적(公的) 기준을 준수하고 사적(私的) 온정을 뿌리쳐 군주를 섬기는 것인데, 이러한 역할은 추포(追捕)·재판·소송 따위를 맡아보는 대리(大理)인 사도(司徒)로 이어지기 때문에, 사영(土)과 사도(金) 사이에 토(土)와 금(金)의 상생 원리가 작용하고 있다는 것이다.[162]

금(金)의 경우는, 방위는 서방(西方)이고, 국가에 있어서의 직무는 대리(大理)인 사도(司徒)의 역할이고, 관직은 의(義)를 숭상하는 사도라고 한다.[163] 이 사도의 역할은, 각각의 지위에 따른 직책을 지키고, 규정에 따라 일처리를 하고, 모든 일을 원칙에 의거하는데, 이러한 역할은 법을 집행하는 사구(司寇)로 이어진다고 하여, 사도(金)

---

160 『춘추번로』「五行相生」: 成王幼弱, 周公相, 誅管叔蔡叔, 以定天下. 天下旣寧以安君. 官者, 司營也. 司營者土也, 故曰火生土.

161 『춘추번로』「五行相生」: 中央者土, 君官也. 司營尙信.

162 『춘추번로』「五行相生」: 明見成敗, 微諫納善, 防滅其惡, 絶源塞執繩而制四方, 至忠厚信, 以事其君, 據義割恩, 太公是也. 應天因時之化, 威武强御以成. 大理者, 司徒也. 司徒者金也, 故曰土生金.

163 『춘추번로』「五行相生」: 西方者金, 大理司徒也. 司徒尙義

음양오행으로 읽는 세계

와 사구(水) 사이에 금(金)과 수(水)의 상생 원리가 작용하고 있다고 하고 있다.[164]

수(水)의 경우는, 방위는 북방(北方)이고, 국가에 있어서의 직무는 법을 집행하는 사구(司寇)이고, 그 관직인 사구는 예(禮)를 숭상한다고 한다.[165] 사구의 역할은 예와 원칙과 법에 의거하여 일을 처리하는 것인데, 그렇게 함으로 해서 모든 장인(匠人)도 때에 맞게 도구를 제작하여 사농에게 공급하니, 사구(水)와 사농(木) 사이에 수(水)와 목(木)의 상생 원리가 작용하고 있다고 하고 있다.[166]

이상에서 국가의 다섯 관직을 오행의 상생 원리로 해석하고 있는 것을 살펴봤다. 그런데 이 오행의 상생 원리로 해석하는 것이 관직뿐만이 아니다. 『춘추번로』「오행지의」(五行之義)에서는 이 오행의 상생 원리로 부자(父子) 관계를 설명하고 있다.

> 목은 오행의 시작이고 수는 오행의 끝이고 토는 오행의 중
> 간이다. 이것은 천이 차례를 정한 순서다. 목이 화를 낳고,

---

164 『춘추번로』「五行相生」: 臣死君而衆人死父. 親有尊卑, 位有上下, 各死其事, 事不踰矩, 執權而伐. 兵不苟克, 取不苟得, 義而後行, 至廉而威, 質直剛毅, 子胥是也. 伐有罪, 討不義, 是以百姓附親, 邊境安寧, 寇賊不發, 邑無獄訟, 則親安. 執法者, 司寇也. 司寇者水也, 故曰金生水.

165 『춘추번로』「五行相生」: 北方者水, 執法司寇也. 司寇尚禮.

166 『춘추번로』「五行相生」: 君臣有位, 長幼有序, 朝廷有爵, 鄉黨以齒, 升降揖讓, 般伏拜竭, 折旋中矩, 立而磬折, 拱則抱鼓, 執衡而藏, 至淸廉平, 賂遺不受, 請謁不聽, 據法聽訟, 無有所阿, 孔子是也. … 百工維時, 以成器械. 器械既成, 以給司農. 司農者, 田官也. 田官者木, 故曰水生木.

화가 토를 낳고, 토가 금을 낳고, 금이 수를 낳고, 수가 목을 낳는 것은 부자(父子)이다. … 이러한 까닭으로 목은 수를 받고, 화는 목을 받고, 토는 화를 받고, 금은 토를 받고, 수는 금을 받는다. 주는 것은 모두 그 아버지(父)이고, 받는 것은 모두 그 아들(子)이다. 항상 그 아버지로 인해서 그 아들을 부리는 것이 천의 도(道)이다.[167]

오행의 상생 관계에서 주는 것과 받는 것의 관계를 아버지와 아들의 관계로 해석하고 천의 도(道)라고 하고 있다. 『맹자』「등문공상」(滕文公 上)에서 '부자유친'(父子有親)이라는 부자(父子) 관계를 이야기하고 있는데, 이 부자 관계가 천에 의해서 맺어진 관계라는 것을 오행의 상생 원리를 통해서 해석하고 있는 것이라고 할 수 있다. 또한 이 오행의 상생 관계를 사시의 내용으로 설명하면서, 인간사회의 '효자'와 '충신'의 행위의 근거를 오행에서 찾기도 한다.

목이 이미 생함에 화가 그것을 기르고, 금이 이미 죽음에 수가 그것을 묻어주고, 화는 목을 즐거워하여 양기로 길러주고, 수는 금을 이기어 음기로 마치게 하고, 토는 화를 섬겨

---

167 『춘추번로』「五行之義」: 木, 五行之始也; 水, 五行之終也; 土, 五行之中也. 此其天次之序也. 木生火, 火生土, 土生金, 金生水, 水生木, 此其父子也. … 是故木受水, 而火受木, 土受火, 金受土, 水受金也. 諸授之者, 皆其父也. 受之者, 皆其子也. 常因其父以使其子, 天之道也.

음양오행으로 읽는 세계

서 그 충성을 다한다. 그러므로 오행이란 바로 효자와 충신
의 행위인 것이다.[168]

여기서 부자뿐만 아니라 군신 관계도 오행의 상생 원리를 통해
서 천에 그 근거를 두는 관계로서 설명되고 있음을 볼 수 있다. 이러
한 다섯 가지 행위의 의미로 오행이라고 한다고 하면서 성인(聖人)은
이러한 사실을 알고 실천하는 사람이라고 하고 있다.[169] 이렇게 본다
면, 천으로부터의 분화 과정이라고 하는 것은 천의 법칙이 구체화되
어 가는 과정이고, 그래서 오행이란 천의 법칙으로서 인간사회의 기
준이고, 성인(聖人)도 이 오행을 통해서 천의 법칙을 알고 실천하는
사람이 되는 것이다.

2) 오행상승으로 해석하는 사회

오행의 상승 원리는 사시의 순환과는 관계가 없는 원리이다.
『춘추번로』에서 오행이 사시에서 분화된다고 해석하면서 원래 가지
고 있던 오행의 상승 원리도 천의 법칙에 들어오게 되었다. 그래서

---

168 『춘추번로』「五行之義」: 木已生而火養之, 金已死而水藏之, 火樂木而養以陽, 水
克金而喪以陰, 土之事火竭其忠. 故五行者, 乃孝子忠臣之行也.

169 『춘추번로』「五行之義」: 五行之爲言也, 猶五行歟. 是故以得辭也, 聖人知之, 故多
其愛而少嚴, 厚養生而謹送終, 就天之制也.

이 상승 원리는 더 이상 오행 고유의 원리만이 아니라, 천의 법칙으로서 사회 등을 해석하는 원리로 탈바꿈하게 되었다. 그런데 오행의 상승 원리가 천의 법칙의 범주 안에 들어가기는 했지만, 오행은 사시에 의해서 펼쳐지는 세계이기 때문에, 이 상승 원리를 오행의 세계의 범주를 넘어서서 사시 자체의 원리로 이야기할 수는 없다.

『춘추번로』「오행상승」(五行相勝)에서는, 편명에서도 알 수 있듯이 오행의 상승 원리로 국가의 다섯 관직의 상승 관계를 설명하고 있다. 관직의 상생 관계에서의 설명에서와 같이, 사농(木), 사마(火), 사영(土), 사도(金), 사구(水)의 다섯 관직을 상승의 관계로 설명하고 있다. 「오행상승」에서는 각 오행의 설명 마지막 부분에서 상승 관계에 대한 간단한 정리를 하고 있는데, 그 문장을 통해서 다섯 관직의 상승 관계를 살펴보고자 한다.

목(木)은 사농(司農)이고 이 사농이 자신의 역할을 하지 못함으로 해서 금(金)이 목(木)을 이기는 오행의 원리가 적용되는 것을 다음과 같이 정리하고 있다. "목(木)은 군주를 보좌하는 관직이다. 목은 농사이다. 농사짓는 사람은 백성이다. (백성이) 순종하지 않고 배반한다면 사도(司徒)에게 명하여 그 우두머리를 처벌하고 바로잡도록 한다. 그러므로 금이 목을 이긴다고 한다."[170]

화(火)에 해당하는 사마(司馬)에 대해서는, "대저 화(火)는 조정(朝

---

170 『춘추번로』「五行相勝」: 木者, 君之官也. 夫木者農也. 農者民也, 不順如叛, 則命司徒誅其率正矣. 故曰金勝木.

음양오행으로 읽는 세계

廷)에 근본을 세우는데, 간사하고 헐뜯어서 그 군주를 현혹시킴이 있으면, 법을 집행하여 처벌한다. 법을 집행하는 것은 수(水)이다. 그러므로 수가 화를 이긴다고 한다."[171]고 정리하고 있다.

토(土)는 관직으로는 군주를 보좌하는 사영(司營)인데, 이 사영이 군주를 잘 보좌하지 못함으로 해서 일어나는 상승 관계를 다음과 같이 정리하고 있다. "대저 토(土)는 군주의 직무인데, 군주가 너무 사치하고 정도에 지나치게 예를 잃으면 백성이 배반하게 된다. 그 백성이 배반하면 그 군주는 궁하게 된다. 그러므로 목이 토를 이긴다고 한다."[172]

금(金)에 해당하는 사도(司徒)가 자신의 역할을 실천하지 않을 경우의 상승 관계에 대해서는 다음과 같이 정리하고 있다. "금(金)은 사도이다. 사도가 약하면 군사를 부릴 수가 없으니, 사마(司馬)가 그런 자를 처벌한다. 그러므로 화는 금을 이긴다고 한다."[173]

수(水)에 해당하는 사구(司寇)에 대해서는 "대저 수(水)는 법을 집행하는 사구(司寇)이다. (이 사구가) 법을 집행함이 치우치고 공평하지 않고, 법을 빌어서 사람을 형벌하면, 사영(司營)이 그런 자를 처벌한

---

171 『춘추번로』「五行相勝」: 夫火者, 大朝[本朝], 有邪讒熒惑其君, 執法誅之. 執法者 水也, 故曰水勝火. ※大朝 : 本朝의 잘못이라고 생각함(『春秋繁露義證』).

172 『춘추번로』「五行相勝」: 夫土者, 君之官也. 君大奢侈, 過度失禮, 民叛矣. 其民叛, 其君窮矣. 故曰木勝土.

173 『춘추번로』「五行相勝」: 金者, 司徒. 司徒弱, 不能使士眾, 則司馬誅之. 故曰火勝金.

다. 그러므로 토는 수를 이긴다고 한다."[174]라고 정리하고 있다.

이상에서 오행의 상승 원리로 해석하는 다섯 관직의 관계에 대해서 살펴보았다. 그런데 오행의 상생 원리와 상승 원리로 다섯 관직의 관계를 해석함에 있어서 특징적인 점은, 구체적인 인물과 역사적 사건을 사례로 들면서 설명하고 있다는 사실이다. 이러한 점은 오행의 원리가 단순한 이론에 그치는 것이 아니라, 천의 법칙으로서 실제로 사회의 움직임을 지배하고 있다는 것을 설명하기 위한 것이었다고 할 수 있다. 이렇게 해서 인간의 사회는 천으로부터 구체적으로 설명할 수 있는 사회가 되고, 이전의 천에 대한 믿음의 차원에서 설명하던 사회와는 완전히 다른 모습을 가지게 되었다.

174　『춘추번로』「五行相勝」: 夫水者, 執法司寇也. 執法附黨不平, 依法刑人, 則司營誅之, 故曰土勝水.

　　　　　음양오행으로 읽는 세계

4장

음양오행의 세계

음양의 세계가 확립되면서 잠시나마 근본존재로부터 하나에서 둘로 분화되는 세계가 확립되었다. 그러한 세계의 모습을 앞에서 살펴봤는데, 『여씨춘추』의 '태일→양의(兩儀)→음양'으로 분화되는 세계, 「계사상전」의 '태극→양의→사상→팔괘'로 분화되는 세계, 『회남자』의 '태소(태시)→천지→음양→사시→만물'로 분화되는 세계 등이 있었다.

그런데 그러한 음양을 중심으로 하는 세계에 오행이 관여하면서 둘로 분화되는 법칙에 균열이 생기게 되었다. 오행이 근본존재로부터의 분화 과정에 들어온 모습이 최초로 나타나는 것은 『춘추번로』이다. 그렇기 때문에 자료를 통해서 본다면, 근본존재로부터 둘로 분화되는 음양의 세계가 확립되고 나서 오행이 관여하기까지는 그렇게 많은 시간이 흐르지 않았다. 『춘추번로』에서 '일기(一氣)→음양→사시→오행'으로 분화되는 세계가 확립된 이후, 더 이상 오행이 없는 세계의 해석은 볼 수가 없게 되었다. 앞에서 살펴봤듯이, 『오행대의』「논구궁수」에서는 '역(易)→태일(太一)→천지(천)→오행→팔괘(八卦)→십이월(十二月)→지(地)'로, 『태극도설』에서는 '태극→음양→오행→사시행(四時行)'으로, 『자평진전』에서는 '일기(一氣)→음양→사상(四象)=사행(四行)(→오행)→십간(=십이지)→만물'로, 근본존재로부터의 분화 과정에는 반드시 오행이 있다.

이렇게 해서 음양오행의 세계가 확립되게 되는데, 이 세계의 확립에 있어서 반드시 필요한 것이, 거기에서 모든 것이 분화되어 나오는 시작점이 되는 존재이다. 앞서의 언급에서 보듯이, 음양 중심의 세계에서는 태일이나 태극, 태소 등의 근본존재가 제시되고 있고, 음양오행 중심의 세계에서는 태일이나 태극뿐만 아니라 일기(一氣)도 근본존재로 제시되고 있음을 볼 수 있다.

여기서는 음양오행 세계의 시작점이 되는 근본존재를 중심으로 살펴보고자 한다. 근본존재에는 태일이나 태극의 형태와 일기(一氣)의 형태의 두 가지가 있는데, 이러한 형태를 중심으로 근본존재에 대한 해석을 이해해 보고자 한다. 그리고 그러한 해석에 동반되는 문제점 등을 밝혀보고자 한다.

음양오행으로 읽는 세계

1절 – 태일과 태극의 세계

I. 태일과 태극 세계의 성립

태일이나 태극 개념이 처음부터 음양오행 세계의 근본존재로 설정된 것은 아니다. 이 태일이나 태극 개념이 『장자』(莊子)에도 나타나고 있지만, 『장자』에서는 경험적으로 확립된 음양의 세계를 통괄하는 의미로 쓰이고 있는 것은 아니다. 『여씨춘추』나 『회남자』의 태일 개념, 『주역』 「계사상전」의 태극 개념은, 경험적으로 확립된 음양 세계의 근본존재의 의미로 사용되고 있다. 따라서 같은 태일이나 태극의 개념이라도 어떠한 세계에서 사용하느냐에 따라 그 의미가 달라진다. 물론 『여씨춘추』 등에서 음양의 세계의 근본존재로 사용하고 있는 태일이나 태극 개념은 이전의 『장자』 등의 사상에서 가져왔다고 보는 것이 타당할 것이다.

태일이나 태극 개념이 경험적으로 확립된 음양 세계의 근본존재의 의미로 사용되었다는 것은, 이전의 태일이나 태극 개념을 음양세계의 근본존재로 해석했다고 하는 것이 된다. 음양 세계의 태일이나 태극 개념의 특징은 둘로 분화되는 세계의 근본존재인 것이다. 말하자면 둘로 분화되는 세계의 정점에서 하나로 통합하는 의미를 가진 존재가 된다. 태일(太一)이나 태극(太極)의 단어 자체에서도 그러한 의미를 엿볼 수 있다. 이러한 의미에서 본다면 태일이나 태극은 음양의 세계를 외적으로 하나로 통합하는 존재로 해석된 것이 된다. 천상세계에서의 양의 세계와 음의 세계의 움직임에서 보면 이러한 해석은 충분히 이해될 수 있다. 경험적으로 확립된 양의 세계와 음의 세계는 양립할 수밖에 없고, 따라서 근본존재의 조건은 자연스럽게 이러한 양립을 하나로 통합하는 것이 되었다고 할 수 있다.

앞에서 『회남자』에서는 '자궁(紫宮)이 태일(太一)의 거처'라고 하고, 『사기』「천관서」(天官書)에서는 '천극성(天極星·북극성)에 태일(太一)이 거처하고, 이 천극성이 자궁(紫宮)의 중심에 있다.'고 하고 있음을 언급했다. 여기서의 태일은 근본존재로서, 음양의 양립하는 세계를 통합하는 의미로 쓰이고 있음을 볼 수 있다. 천상세계의 음양의 양립을 통합하는 의미를 가진 존재가 태일이라고 한다면, 분화 과정은 둘로 분화되는 것이 당연하고, 「계사상전」의 태극 또한 이러한 태일의 의미를 가지고 있을 것이다. 그런데 이러한 음양 중심의 세계에 오행이 들어오게 되면 태일과 태극의 존재도 새로이 해석되어질 수밖에 없다. 오행이 둘로 분화되는 법칙을 방해하기 때문이다. 아무리 사시(4)와 오행(5)의 관계를 잘 해석한다고 해도 분화의 규칙은 벗어나 버리게 되는 것이다. 사실, 『춘추번로』에서 분화 과정을 '일기(一氣)→음양→사시→오행'이라고 하여 근본존재를 '일기(一氣)'로 제시하고 있는 것은, 오행의 개입으로 인해서 태일이나 태극을 새로이 해석한 것이라고 할 수 있다. 근본존재로서의 일기(一氣)에 대해서는 다음 절에서 자세히 설명하고 있다.

그런데 음양의 세계에 오행이 개입한 음양오행의 세계에서도 근본존재를 태일이나 태극으로 제시하고 있는 것을 앞서 살펴봤다. 그렇다면 음양오행의 세계의 태일이나 태극과 음양의 세계의 태일이나 태극은, 그 의미에 있어서 완전히 같은 것인가 아니면 차이점이 있는 것인가. 이러한 의문이 당연히 생겨나게 된다. 그 의문에 대한 대답은 차이점이 있다는 것이다. 앞서 언급한 『오행대의』 「논구궁수」나 『태극도설』의 분화 과정에서 보듯이, 태일이나 태극은 더 이상 둘로 분화되는 세계의 근본존재의 의미를 가질 수 없게 된 것이다. 이렇게 해서 태일과 태극은 그 세계의 내용에 따라서 새로이 해석되고 그 의미에 변화를 초래하게 되었다. 그렇기 때문에 같은 태일이나 태극의 세계라고 해도 그 내용에 따라 태일이나 태극의 의미가 다르다는 것을 염두에 두고 있어야만 한다. 상황을 고려하지 않고 개념만을 가지고 같은 의미로 해석하게 되면 정확한 이해를 할 수 없게 된다.

2. 세계의 변화와 문제점

앞에서 태일과 태극 세계의 성립과 그 의미 변화에 대해서 간단하게 살펴봤는데, 여기서는 『태극도설』을 중심으로 세계의 변화에 따른 근본존재(太極)의 해석과 문제점 등에 대해서 살펴보고자 한다.

천상세계에서의 음양의 세계는 지상세계의 시간의 흐름을 설명하는 과정에서 성립되고 있다. 그리고 그러한 음양의 세계를 통합하는 개념으로 태일이나 태극 개념이 사용되고 있었다. 그런데 오행은 시간과는 관계가 없는 개념이다. 오행의 숫자상의 문제로 인한 음양세계의 새로운 해석의 측면을 앞서 언급했는데, 이 시간과 무관한 오행 개념의 성격도 또한 음양의 세계에 개입하면서 음양의 세계를 새롭게 해석하는 요소로 작용했음에 틀림없다. 『태극도설』에서 '태극→음양→오행→사시행(四時行)'이라는 분화 과정에서 오행의 위치가 그것을 말해 준다. 천상세계의 시간의 흐름이 오행으로 인해서 음양의 세계가 확립되던 시기와는 전혀 다른 모습을 하고 있다.

그럼 『태극도설』에서의 해석을 통해서 태극과 음양과 오행의 변화를 살펴보도록 하자. 『태극도설』에서는 태극으로부터의 분화 과정을 다음과 같이 설명하고 있다.

무극(無極)이면서 태극(太極)이다. 태극이 동(動)하여 양(陽)을

음양오행으로 읽는 세계

낳고, 동(動)함이 극에 이르면 정(靜)하게 되고, 정(靜)하여 음 (陰)을 낳고, 정(靜)함이 극에 이르면 다시 동(動)하게 된다. 한 번 동(動)하고 한번 정(靜)한 것이 서로 그 근본이 되고, 음으 로 분화하고 양으로 분화하여 양의(兩儀)가 확립된다. 양이 변하고 음이 합하여 수·화·목·금·토를 낳고, 이 다섯 가지 기(五氣)가 순차로 펴져 사시가 운행된다.[175]

앞서 오행의 세계를 설명하는 과정에서, 『태극도설』의 분화 과 정에 대한 언급과, 이전과는 다른 사시와 오행의 분화 과정의 역전, 그리고 분화의 내용에 중점을 두는 생각으로 바뀌었다는 등의 설명 을 했다. 여기서는 태극의 세계 전체의 변화에 초점을 맞추어 검토 하도록 하겠다. 검토에 앞서 한 가지 언급해 두고 싶은 것은, 태일 의 세계와 「계사상전」의 태극의 세계 모두를 천상의 음양의 세계를 배경으로 하는 것으로 간주하고, 『태극도설』의 태극의 세계와 비교 하도록 하겠다는 것이다.

인용문을 보면, 태극의 동(動)과 정(靜)의 작용에 의해서 양과 음 이 생겨나고, 이 양과 음에 의해서 오행이 나온다고 하고 있다. 여 기서 먼저 지적할 수 있는 것은, 『태극도설』의 분화 과정은 태극 중 심의 해석이라는 것이다. 태일(태극) 개념으로 천상의 음양 세계를

---

175 周敦頤 『太極圖說』: 無極而太極. 太極動而生陽, 動極而靜, 靜而生陰, 靜極復動. 一動一靜, 互爲其根. 分陰分陽, 兩儀立焉. 陽變陰合, 而生水火木金土, 五氣順布, 四時 行焉.

통합하는 해석에서는, 음양의 세계가 중심이고 그 두 세계를 통합하는 의미로 태일(태극) 개념이 사용되고 있다. 그런데『태극도설』에서는 태극의 작용에 의해서 음양과 오행이 나온다고 하고 있다. 이러한 태극 개념의 해석의 변화는 음양에 대한 해석의 변화에 동반되는 것이다. 말하자면 태일과 같은 의미로 사용되는 태극의 경우는, 음양의 세계를 지상세계의 시간의 근거로 설명하고 있는데,『태극도설』에서는 음양을 태극의 작용에 의해서 생기는 것으로 설명하고 있다. 이러한『태극도설』의 음양의 해석에서는 음양의 세계가 확립될 때의 시간적 측면이 완전히 무시되고 있다. 물론『태극도설』의 해석이 이전과 다르다고 해서 잘못된 해석이라고 할 수는 없다. 당시의 정보 등에 의한 당시로서는 최고의 해석이라고도 할 수 있는 것이다.

『태극도설』의 해석에 이르기까지의 과정에 대해서, 앞에서는 오행과의 관계에서 살펴봤다. 오행의 등장으로 둘로 분화되는 규칙이 무너지면서『태극도설』의 해석이 나올 수 있는 상황으로 바뀌어 갔다는 것이다. 그런데 보다 근본적으로는 음양의 세계에 대한 해석의 변화에 의해서『태극도설』의 해석으로 나아갔다고 해야 할 것이다. 그 해석의 변화의 시작이 바로 오행의 개입이다. 앞에서『관자』나『여씨춘추』,『회남자』등에 나타나는 사시와 오행의 관계에 대한 해석을 살펴봤다. 이 사시라는 것은 당시의 시간적 측면에서 해석한 음양의 세계의 요소이다. 그렇기 때문에 시간과 관계가 없는 오행이

음양오행으로 읽는 세계

이 사시에 관여한 것은 당시의 음양의 세계에 대한 해석의 변화를 의미하는 것이 된다.

오행의 개념이 『논형』에서 '오행의 기(氣)'로 해석되고, 『태극도설』에서는 오기(五氣)라고 하고 오행의 '행'(行)은 사시에 붙여서 '사시행'(四時行)이라고 해석하고 있다. 이러한 『태극도설』의 해석은 결국 태극으로부터의 분화 과정에서 시간의 요소를 배제한 것이고, 태극의 원리를 세계의 일반적 원리로 해석한 것이라고 할 수 있다. 말하자면 지상세계의 시간적 측면의 원리로서 해석하는 음양의 세계의 범주를 넘어선 것이다. 지상세계의 시간적 측면뿐만 아니라 우주의 모든 측면의 원리의 근원으로서 태극을 해석한 것이 된다. 앞서 지적했지만, 태극의 동(動)과 정(靜)의 작용에 의해서 양과 음이 생겨난다고 한 것이 바로 그러한 해석이다. 시간적 측면의 음양의 세계를 통합하는 의미로서의 태극이 아니라, 우주의 모든 측면의 시작은 양과 음이고, 이 양과 음은 태극 자체의 원리에 의해서 생겨난다고 해석하고 있는 것이다. 또한 사실은 이러한 태극으로 해석이 바뀌었기 때문에 태극을 '무극'(無極)으로 해석하는 것도 가능했다고 생각한다. 태극 자체에 최고의 원리가 있기 때문에 최고의 원리에 걸맞는 무극과 같은 해석이 가능했다는 것이다. 만약 태극이 시간적인 음양의 세계를 통합하는 역할만을 가지고 있었다면 무극이라는 해석은 필요 없었을 것이다.

여기서는 『태극도설』을 중심으로 세계의 변화의 요소와 태극 해석의 변화를 살펴봤다. 음양 세계의 변화를 한마디로 말하자면 음양의 세계에 오행이 개입한 사건이었다고 할 수 있다. 앞서도 언급했지만, 해석이란 당시까지의 정보를 종합하여 판단한 것이기 때문에, 그것을 당시의 생각의 기준이라고는 할 수 있지만, 그 해석에 대해서 진위(眞僞)의 판단은 할 수가 없다. 그렇지만 음양의 세계에 오행이 개입하는 상황이 자연스러운 모습은 아니었기 때문에 그에 따른 문제점이 발생할 수도 있다. 만약 문제점이 있다면 그것은 또 다른 해석의 정보의 역할을 할 수도 있다.

음양의 세계에 오행이 개입하는 것은 사시와 오행의 관계에 대한 해석을 통해서이고, 그로 인해 결국 둘로 분화되는 규칙이 무너지고, 시간적 요소가 배제되고, 태극의 원리 중심의 세계가 되었다. 그런데 이러한 해석의 변화에서 한 가지 문제점을 지적할 수 있는데, 그것은 바로 시간적 요소의 배제에 관한 것이다. 처음에 시간적 측면에서 음양의 세계가 만들어진 것은 천상세계의 관찰과 지상세계에서의 경험에 의해서이다. 그러한 시간적 측면이 음양에서 배제되는 것은, 새로운 관찰과 새로운 경험을 전제로 할 때 그 타당성을 얻게 된다. 그런데 『태극도설』의 해석에서 시간적 요소가 배제된 것은 단지 오행의 개입에 의해서이다. 『태극도설』의 해석에서는 경험적 측면의 해석이 무시되고 있다. 시간적 측면의 음양의 세계에서 벗어나 태극의 원리에서 세계를 설명하고 있다. 그래서 태극을 무극으로 설명하고 오행을 오기(五氣)로 설명하면서 세계를 설명하고는

음양오행으로 읽는 세계

있지만, 그 뒤에 나온 이론에서도 볼 수 있듯이 현실에 대한 만족할
만한 설명은 되지 못하고 있다.

2절 – 일기(一氣)의 세계

I. 일기(一氣)의 세계 확립

음양 중심의 세계에 오행이 들어오면서 세계에 대한 새로운 해석이 나올 수밖에 없는데, 『춘추번로』에서는 "천지의 기(氣)는 합해져서 하나가 되고, 나뉘어져서 음양이 되고, 갈라져서 사시(四時)가 되고, 펼쳐져서 오행이 된다."[176]라는, 세계에 대한 새로운 해석을 하고 있다. 이미 언급했듯이 '일기(一氣)→음양→사시→오행'의 분화 과정을 가지는 세계가 되는데, 여기서 주목할 점은 '일기'(一氣)를 근본존재로 설정하고 있다는 사실이다. 구체적으로는 이 일기(一氣)를 '천지의 기(氣)'라고 하고 있다. 천지의 각각의 기(氣)가 합해져서

---

176 『春秋繁露』「五行相生」: 天地之氣, 合而爲一, 分爲陰陽, 判爲四時, 列爲五行.

음양오행으로 읽는 세계

일기(一氣)의 상태로 존재한다는 이론을 제시하여 음양오행의 세계를 통합하고자 하고 있다. 음양의 세계에 오행의 개입으로 인한 둘로 분화되는 과정의 설명이 힘든 상황에서는, 태일이나 태극이 아닌 일기(一氣)를 근본존재로 제시하는 편이 설명하기가 더 쉬워진다. 왜냐하면 일기(一氣)는 외적인 분화에 관계없이 내적으로 기(氣)를 중심으로 설명이 가능하기 때문이다. 『춘추번로』에서 일기(一氣)로 음양오행의 세계를 통합한 것도 충분히 그러한 의미에서라고 생각할 수 있다.

어쨌든 일기(一氣)를 근본존재로 제시함으로 해서 분화 과정의 문제점을 해결했다고 할 수 있다. 그리고 이 일기(一氣)를 천지의 기(氣)라고 함으로 해서 시간적 측면의 음양의 세계도 포용할 수 있게 되었다. 양의 세계는 천상세계의 움직임이고 음의 세계는 지상세계의 움직임인데, 이 두 세계의 기(氣)가 합해져서 분리되기 이전의 상태가 일기(一氣)이기 때문이다. 이렇게 보면 일기(一氣)를 근본존재로 제시하는 것은 분화 과정의 문제점과 시간적 측면의 음양의 해석이라는 두 가지를 모두 해결하는 해석이 된다. 왕충의 『논형』에서도 이러한 해석의 연장선상에서 세계의 움직임을 기(氣)로 설명하고 천지에 대해서도 실증적으로 설명하고 있다.[177] 이러한 당시의 상황을 통해 볼 때, 음양오행의 세계에서는 기(氣)를 중심으로 해석하는 것이 초기 단계의 모습이었다고 할 수 있다.

---

177 졸저 『왕충이 해석하는 기의 세계』(맑은샘, 2022, 1), 「천론」 참조.

그런데 기(氣)를 중심으로 해석하는 것은 결국 오행도 기(氣)의 차원에서 설명하는 것이 된다. 그래서 오행은 오기(五氣)로 해석되고, 결과적으로 시간적 측면이 무시되는 『태극도설』의 태극의 세계를 만들게 되었다. 그래서 처음에 기(氣)를 중심으로 내적으로 통합할 때의 의도를 끝까지 지킬 수가 없게 되고, 경험적 측면의 해석이 무시되는 문제점을 껴안게 되었다. 이러한 문제점을 해결하려는 시도가 『자평진전』에 나타나고 있는 것을 앞에서 살펴봤다. 『자평진전』에서도 일기(一氣)를 근본존재로 제시하고 있다. 그런데 앞에서 살펴본 『자평진전』의 새로운 해석은 둘로 분화되는 분화 과정의 입장에서 살펴봤다. 그 결과는, 오랜 중국역사 속에서 탄생한 '자연과 인간을 설명하는 요소들'이 일기(一氣)에서 둘로 분화되는 과정으로 논리 정연하게 설명되게 되었다라는 결론에 도달했다. 그렇다면 이 『자평진전』의 해석을 시간적 측면의 음양의 세계에서 본다면 어떠한 평가를 내릴 수 있을까. 『자평진전』의 「논십간십이지」(論十干十二支)의 문장을 다시 한번 인용하도록 하자.

천(天)과 지(地) 사이는 일기(一氣)일 뿐이다. 오직 동(動)함과 정(靜)함만이 있어서 마침내 음(陰)과 양(陽)으로 나누어지고, 노(老)함과 소(少)함이 있어서 마침내 사상(四象)으로 나누어진다. 노(老)함이란 움직임이 극(極)에 이르거나 고요함이 극에 이른 시기이니, 이것은 태음(太陰)과 태양(太陽)이다. 소(少)함

음양오행으로 읽는 세계

이란 움직임이 시작되거나 고요함이 시작되는 단계이니, 이
것은 소음(少陰)과 소양(少陽)이다. 이러한 사상(四象)이 있고
나서 오행이 그 가운데에 갖추어진다. 수(水)는 태음이고, 화
(火)는 태양이며, 목(木)은 소양이고, 금(金)은 소음이며, 토(土)
는 음양의 노소(老少)인 목·화·금·수의 충기(沖氣)가 응결
된 것이다.[178]

여기서는 이전의 해석을 종합하고 있는데, 일기(一氣)의 세계와
태극의 세계를 종합하고 있다. 근본존재와 그 작용에 대한 설명을
보자면, 일기(一氣)에 동정(動靜)의 작용이 있다고 설명하고 있다. 동
정(動靜)은 『태극도설』에서 해석하는 태극의 작용이다. 같은 동정(動
靜)이지만 일기(一氣)의 동정(動靜)과 태극의 동정(動靜)에 대한 해석은
다르다. 태극의 동정(動靜)은 태극이 양과 음을 '낳는'(生) 작용으로 해
석하고 있지만, 여기서의 일기(一氣)의 동정(動靜)은 일기(一氣)에서 음
과 양으로 '나누어지는'(分) 작용으로 해석하고 있다. 그 해석이야 어
떻든 동정(動靜)이란 음양이 존재하는 이유를 설명한 것이다.

일기(一氣)에서 음양으로 나누어지는 설명은 『춘추번로』에서 이
야기한 것이다. 그런데 『춘추번로』에서는 일기(一氣)에서 음양으로

---

178 『자평진전』「論十干十二支」: 天地之間, 一氣而已. 惟有動靜, 遂分陰陽. 有老少,
遂分四象. 老者極動極靜之時, 是爲太陰太陽; 少者初動初靜之際, 是爲少陰少陽. 有是
四象, 而五行具於其中矣. 水者, 太陰也; 火者, 太陽也; 木者, 少陽也; 金者, 少陰也; 土
者, 陰陽老少木火金水沖氣所結也.

나누어지는 이유에 대한 설명이 없다. 단지 음양의 세계를 통합하는 의미로 일기(一氣)를 제시하고 있을 뿐이다. 말하자면 음양의 세계에 초점을 맞춘 해석이라고 할 수 있다. 그 후 근본존재의 작용에 관심을 가진 해석이 왕충의『논형』에 나타나고는 있는데, "천의 운행은 기(氣)를 베푸는 것이다."[179]라고 하여, 천의 운행이 기(氣)가 존재하는 이유라는 것을 설명할 뿐이다. 음과 양의 기(氣) 각각의 존재 이유에 대한 설명은『태극도설』의 성립시기에 이르러서 나타나게 된 것이다.『자평진전』에서는 이러한 해석들을 비판적으로 수용하면서 일기(一氣)의 세계를 새롭게 해석하고 있다.

『자평진전』의 해석에서 일기(一氣)를 천지 사이의 기(氣)라고 하는 점도『춘추번로』에서와 같은 맥락의 해석이다.『자평진전』의 해석에서 특징적인 부분은 이러한 일기(一氣)를 근본존재로 하여 원리적인 측면에서 분화 과정을 설명하고 있는 것이다.「논십간십이지」의 인용문에서 설명하는 분화 과정은 그 내용에서 보면『춘추번로』의 '일기(一氣)→음양→사시→오행'의 분화 과정과 같다. 그런데「논십간십이지」에서는 '일기(一氣)→음양→사상(四象)=사행(四行)(→ 오행)'으로 바꾸어 설명하고 있다. 그리고 그러한 분화 과정을 만들어 내는 작용을 제시하고 있다. 일기(一氣)에서 음양으로 분화되는 것은 동정(動靜)의 작용에 의해서, 음양에서 사상(四象)으로 분화되는 것은 노소(老少)의 작용에 의해서라고 하고 있다. 일기(一氣)로부터의 분화라고 하

179　『논형』「自然」: 天之動行也, 施氣也.

　　　　　　　　　　음양오행으로 읽는 세계

는 것은 결국 일기(一氣)의 세계 내부의 변화를 의미한다. 「논십간십이지」에서는 이러한 부분을 명확히 밝히고 있다. 음양은 태음(太陰)과 태양(太陽), 소음(少陰)과 소양(少陽)으로 분화하는데, 이것을 사상(四象)이라고 한다. 이 사상(四象)이 있음으로 해서 오행이 갖추어지는데, 이 오행은 태음(水), 태양(火), 소양(木), 소음(金)의 모습을 하고 있고, 토(土)는 이 목·화·금·수의 충기(沖氣)가 응결된 것이라고 한다. 이처럼 아무리 분화되어도 음양의 세계 속에서 음과 양의 모습을 띠게 된다는 것이다. 이것은 『춘추번로』의 음양·사시·오행의 세계를 음양의 변화 원리로 설명한 것이 된다. 말하자면 관찰과 경험에 의한 세계를 포용하면서 그 세계를 원리에 의해 설명하고 있는 것이다. 여기서도 일기(一氣)와 태극의 세계의 종합이 보이고 있다.

이상에서 『자평진전』의 해석을 살펴봤는데, 태극 세계의 원리를 수용하고는 있지만 시간적 측면의 음양의 세계도 포용한 해석임을 볼 수 있었다. 그런데 음양·사시·오행을 모두 음양의 모습으로 원리적인 측면에서 해석한다는 것은 범주에 따른 음양의 다름을 세심하게 구분해야 할 필요성을 가지게 한다. 따라서 『자평진전』에서 이러한 점을 어느 정도 엄밀하게 다루고 있는지를 살펴볼 필요가 있다. 다음에 이러한 점에 대해서 간단히 언급하도록 하겠다.

2. 원리의 해석과 오류

1) 오행의 음양과 기질론(氣質論)에 의한 해석과 오류

앞서 인용한 「논십간십이지」는 『자평진전』의 맨 앞에서 『자평진전』의 관점을 밝히는 내용을 담고 있다. 앞서의 「논십간십이지」의 문장에 이어서 다음과 같은 설명을 하고 있다.

이러한 오행이 있고 나서, 어떻게 해서 또 십간(十干)과 십이지(十二支)가 있는 것인가? 대개 음(陰)함과 양(陽)함이 있어서 오행에 생함으로 인하여, 오행 중에 각각 음과 양이 있(는 것이 십간이)다. 곧 목(木)을 가지고 논한다면, 갑(甲)과 을(乙)이라는 것은 목(木)의 음과 양이다. 갑은 을의 기(氣)이고, 을은 갑의 질(質)이니, 천에 있어서 만물을 생성하는 기(氣)가 되고 만물 가운데 유행하는 것은 갑이며, 지(地)에 있어서 만물이 되고 〈천의〉 생기(生氣)를 받아들이는 것은 을이다. 또 다시 이것을 세분하면, 생기(生氣)가 흩어져 퍼짐은 갑 중의 갑이고, 생기(生氣)가 응결하여 이룸은 갑 중의 을이다. 만물이 지엽(枝葉:가지와 잎)을 가지는 까닭은 을 중의 갑이고, 만목(萬木)의 각각의 지엽(枝葉)은 을 중의 을이다. 바야흐로 갑이 되

음양오행으로 읽는 세계

어서는 을의 기(氣)가 이미 갖추어져 있으며, 을이 됨에 이르
러서는, 갑의 질(質)이 곧 견고해진 것이다. 이러한 갑과 을
이 있고서 목(木)의 음양이 갖추어진다.[180]

오행과 십간(十干)의 관계를 설명하는 부분이다. 음양과 기질(氣
質) 개념을 사용하여 설명하는 것이 특징적이다. 오행의 음양이 십
간이고, 그리고 이 오행의 음양은 기(氣)와 질(質)의 관계에 있다고
한다. 이러한 설명 방법은 이전에 없는 획기적인 방법이었다고 할
수 있다. 십간을 음양으로 구분하는 것은 『오행대의』에도 나타나고
있다.[181] 그렇지만 음양과 기질 개념을 함께 사용하여 오행과 십간의
관계를 나타내는 것은 이 『자평진전』이 처음이다. 물론 획기적인 방
법이라는 것이 좋은 방법이라는 의미는 아니다. 오히려 정확한 개념
을 사용하지 못하면, 해석은 그럴듯하지만 원래의 취지와는 다른 의
미로 해석될 수도 있다. 그렇다면 이 『자평진전』 「논십간십이지」의
해석은 어떠할까.

---

180 『자평진전』 「논십간십이지」: 有是五行, 何以又有十干十二支乎. 蓋有陰陽, 因生五
行, 而五行之中, 各有陰陽. 卽以木論, 甲乙者, 木之陰陽也. 甲者, 乙之氣. 乙者, 甲之質.
在天爲生氣, 而流行於萬物者, 甲也. 在地爲萬物, 而承茲生氣者, 乙也. 又細分之, 生氣
之散布者, 甲之甲, 而生氣之凝成者, 甲之乙. 萬物之所以有枝葉者, 乙之甲, 而萬木之枝
枝葉葉者, 乙之乙也. 方其爲甲, 而乙之氣已備. 及其爲乙, 而甲之質乃堅. 有是甲乙, 而
木之陰陽具矣.

181 『오행대의』 「第五論配支幹」: 從甲至癸, 爲陽, 爲乾, 爲日. 從寅至丑, 爲陰, 爲支,
爲辰. 別而言之, 乾則甲丙戊庚壬爲陽, 乙丁己辛癸爲陰. 支則寅辰午申戌子爲陽, 卯巳
未酉亥丑爲陰.

십간은 오행의 음양이고 기(氣)와 질(質)의 관계에 있는 것을 여기서는 오행의 목(木)을 예로 들어 설명하고 있다. 갑을(甲乙)은 목(木)의 음양이면서, 갑은 을의 기(氣)이고 을은 갑의 질(質)이고, 갑은 천의 생기(生氣)이고 을은 지(地)의 만물이라고 하고 있다. 이러한 해석 자체만을 볼 때는 충분히 성립할 수 있고, 하나의 해석 방법으로 충분히 인정할 수도 있다. 그렇다면 이 해석 방법을 오행과 십간의 역사적인 해석의 입장에서 본다면 어떻게 평가할 수 있을까. 이러한 평가를 통해서『자평진전』의 해석의 입장이 더욱 분명해지고, 어떠한 점을 수용할 수 있고 또한 어떠한 점을 수용할 수 없는지를 판단할 수 있다.

객관적으로 평가를 하기 위해서는 어떠한 형태든 평가의 기준이 필요하다. 그렇다면 지금의『자평진전』의 해석을 평가하기 위해서는 어떠한 기준이 필요할까. 개념으로 보자면 당연히 오행, 십간, 음양, 기질이라는 개념을 그 기준으로 해야 한다. 그리고 이러한 개념을 취급함에 있어서는, 앞서 언급했듯이,『자평진전』은『춘추번로』의 세계와 동일한 '음양 · 사시 · 오행의 세계'라는 입장을 전제로 한다.

『춘추번로』에서의 사시와 오행의 의미는 그 이전의『여씨춘추』나『회남자』에서의 해석의 연장선상에 있다. 그렇기 때문에『춘추번로』에서 오행의 위상이 조금 높아지는 등의 해석에 차이는 있지만, 전체적으로는 당시에 해석하는 사시와 오행의 관계의 범주를 벗어

음양오행으로 읽는 세계

나지 않고 있다. 당시의 일반적인 사시와 오행의 관계는 토(土)의 해석에 약간의 혼란은 있었지만, '봄-목, 여름-화, 가을-금, 겨울-수'의 관계를 기본적인 관계로 생각하고 있었다. 이 기본적인 관계에 십간을 넣어 보면, '봄-목-갑을(甲乙), 여름-화-병정(丙丁), 가을-금-경신(庚辛), 겨울-수-임계(壬癸)'의 관계가 된다.[182] 이러한 사시와 오행과 십간의 관계 위에서 앞서 언급한 『자평진전』의 해석을 본다면 어떻게 평가할 수 있을까.

먼저 십간을 기(氣)와 질(質)로 해석하는 것은 『춘추번로』 등의 해석과는 많은 차이가 있다. 『춘추번로』 등에서는 십간을 시간의 의미로만 쓰고 있다. 그런데 『자평진전』에서 시간의 의미 외에 기(氣)와 질(質)의 의미로 십간을 해석했다는 것은 무엇을 의미하는 것일까. 갑을의 기질(氣質) 관계에서 갑은 천의 생기(生氣)이고 을은 지(地)의 만물이라는 해석에서 본다면, 십간의 작용은 사계절의 작용 그 자체가 되어 버린다. 이러한 해석이 물론 가능은 하겠지만, 『춘추번로』 등의 해석에서 보면 문제점이 발생하게 된다. 일기(一氣)·음양·사시·오행의 세계는 전체적으로 일기(一氣)의 세계인데, 분화 과정을 이야기한 것은 각 분화의 단계에서의 작용이 다른 것을 설명하는 것이다. 그렇다면 사시와 오행의 작용은 다른 것이다. 십간이 오행의 음양이라면, 오행의 상생이나 상극의 원리와 관계지어 십간을 이야기할 수는 있어도, 오행을 건너뛰어 사계절의 내용 그 자체로 설명

---

182 『여씨춘추』의 〈12기〉나 『회남자』「時則訓」의 자료를 통해 확인할 수 있다.

하는 것은 무리가 있다. 그리고 만약 십간이 오행의 음양이라는 해석으로부터, 이 음양에 초점을 맞추어 일반적인 음양의 개념으로 설명했다면, 이것은 범주의 오류를 범한 것이 된다. 같은 음양이라는 개념을 사용하더라도 그 분화 과정에 따라서 그 의미도 달라지는 것이다. 말하자면 음양의 분화 단계에서의 음양 개념과 사시의 분화 단계에서의 음양 개념과 오행의 분화 단계에서의 음양 개념은, 각각 음양과 사시와 오행이라는 분화 단계에 제한된 음양의 의미를 가지게 된다. 그렇기 때문에 『자평진전』에서 이러한 분화 단계를 인정하면서도 십간을 사계절의 작용으로 해석한 것은 단계적인 작용의 모습을 무시한 오류가 된다. 또 『자평진전』「논음양생사」(論陰陽生死)에 다음과 같은 문장이 있다.

오행과 간지(干支)에 대한 설명은 이미 「간지편」(干支篇)에서 상세히 논하였다. 천간(天干)은 움직이고 쉬지 않고, 지지(地支)는 고요하고 변하지 아니함이 있다. 그래서 각각의 천간(天干)이 십이지지(十二地支)의 월(月)에 유행하고, 생(生)·왕(旺)·묘(墓)·절(絶)이 거기에 매이게 되는 것이다. 양(陽)은 모임을 주관하여 나아가고, 나아가게 되는 까닭으로 순행(順行)을 주관하며, 음(陰)은 흩어짐을 주관하여 물러나고, 물러나게 되는 까닭으로 역행(逆行)을 주관한다. 이것이 장생(長生)·목욕(沐浴) 등의 항목에 양은 순행하고 음은 역행하는

음양오행으로 읽는 세계

다른 점이 있는 까닭이다. 사계절의 운행에서 공(功)이 이루어진 것은 물러가고 작용을 기다리는 것은 나아간다. 이 때문에 각각의 천간이 십이지지의 월(月)에 운행하고 생(生)·왕(旺)·묘(墓)·절(絶)이 또한 일정함이 있다. 양이 생(生)하는 곳은 곧 음이 사(死)하는 곳이고 피차가 번갈아 바뀌는 것이 자연의 운행이다. 이제 갑과 을을 가지고 논한다면, 갑은 목(木)의 양이고, 천(天)의 생기(生氣)로서, 모든 나무[萬木]에 유행하는 것이다. 그러므로 해(亥)에서 생(生)하고 오(午)에서 사(死)한다. 을은 목(木)의 음이고, 나무의 가지와 잎[枝葉]으로서 천의 생기(生氣)를 받는다. 그러므로 오(午)에서 생(生)하고 해(亥)에서 사(死)한다. 무릇 나무는 해월(亥月)을 맞이하면, 바로 가지와 잎이 벗겨지고 떨어지기는 하지만, 안의 생기(生氣)는 이미 거두어 간직됨이 풍족하여서, 돌아오는 봄에 발설할 기틀이 될 수 있는 것이다. 이것이 〈갑이〉해(亥)에서 생(生)하는 까닭이다. 나무가 오월(午月)을 맞이하면, 바로 가지와 잎이 번성하는 절후인데, 갑이 어찌하여 사(死)하는 것인가? 밖으로 비록 〈가지와 잎이〉 번성하지만, 안의 생기(生氣)가 발설이 이미 다하였음을 도리어 알지 못한다. 이것이 오(午)에서 사(死)하는 이유이다. 을목(乙木)은 이와는 반대로 오월(午月)은 가지와 잎이 번성하니, 곧 을목의 생(生)이 되지만, 해월(亥月)은 가지와 잎이 벗겨져 떨어지니, 곧 을목의 사(死)가 된다. 질(質)로써 논하니, 자연히 기(氣)와는 다르다.
갑과 을로써 예를 삼으니, 나머지는 알 수 있다.[183]

여기서는 음양의 작용과 생사에 대해서 설명하고 있다. 그런데
여기서의 음양은 오행의 음양으로 결국 십간의 작용에 대한 설명이
다. 먼저 음양의 작용으로 양은 순행(順行)을 주관하고 음은 역행(逆
行)을 주관한다고 한다. 그래서 음양의 생사는 서로 반대가 된다고
한다. 그런데 이러한 음양에 대한 설명은 십간이라는 전제를 제시하
지 않고 있다. 그렇기 때문에 일반적인 음양에 대한 설명이라고 보
아야만 할 것이다. 그리고 음양의 작용과 생사에 대한 구체적인 예
로 갑과 을을 들고, 그 생사에 대해서 갑은 해(亥)에서 생(生)하고 오
(午)에서 사(死)하고, 을은 오(午)에서 생(生)하고 해(亥)에서 사(死)한다
고 하고 있다. 사실은 이러한 설명에서도 범주의 오류를 확인할 수
있다. 음양의 생사가 반대가 되는 것은 사시의 단계에서의 해석이

---

183 『자평진전』「論陰陽生死」: 五行干支之說, 已詳論於干支篇. 干動而不息, 支靜而
有常. 以每干流行於十二支之月, 而生旺墓絕繫焉. 陽主聚以進, 爲進故, 主順. 陰主散
以退, 爲退故, 主逆. 此長生沐浴等項, 所以有陽順陰逆之殊也. 四時之運, 功成者去, 待
用者進. 故每流行於十二支之月, 而生旺墓絕, 又有一定. 陽之所生, 即陰之所死. 彼此
互換, 自然之運也. 即以甲乙論, 甲爲木之陽, 天之生氣, 流行萬木者. 是故生於亥而死於
午. 乙爲木之陰, 木之枝枝葉葉, 受天生氣. 是故生於午而死於亥. 夫木當亥月, 正枝葉剝
落, 而內之生氣, 已收藏飽足, 可以爲來春發洩之機. 此其所以生於亥也. 木當午月, 正枝
葉繁盛之候, 而甲何以死. 卻不知外雖繁盛, 而內之生氣發泄已盡. 此其所以死於午也.
乙木反是, 午月枝葉繁盛, 即爲之生, 亥月枝葉剝落, 即爲之死. 以質而論, 自與氣殊也.
以甲乙爲例, 餘可知矣.

다. 오행의 음양인 갑과 을에 이 음양의 생사가 반대라는 이론을 적용할 수는 없다. 갑과 을은 봄의 십간이다. 봄의 생사(시작과 끝)는 갑을에서 같아야 하지 않을까. 갑을이 오행의 음양이라면 갑을은 오행의 원리와도 관계를 갖게 된다. 갑과 을의 작용이 순행과 역행으로 다르다면 오행의 상생과 상극에도 순행과 역행이 있어야만 한다.

또 한 가지 문제 되는 해석은 십간의 작용과 생사를 설명하기 위해 오행의 목(木)을 '나무'로 해석하는 것이다. 오행 개념이 생겨나는 초기에는 목(木)을 '나무'의 의미로 사용했지만, 오행이 일반적인 원리로 되고부터는 봄의 운행의 모습으로 해석하고 있다. 앞서『자평진전』의 「논십간십이지」에서도 목(木)을 소양(少陽)으로 해석하고 있다. 그렇기 때문에 오행의 목(木)을 '나무'로 해석하는 것은『자평진전』에서도 모순되는 해석이 된다.

이상에서 살펴본 오류들은『자평진전』나름의 관점에 의한 해석의 결과이다. 새로운 하나의 관점을 가진다는 것은 새로운 측면을 보게도 하지만 또 다른 측면을 보지 못하게도 한다. 따라서 일기(一氣)의 세계의 해석도, 그 근본이 되는 음양과 사시 그리고 오행의 세계에 대한 초기의 관점을 항상 염두에 두고, 그러한 관점을 포용하는 범위 내에서 일기(一氣)의 세계를 더욱 밝힐 수 있는 해석의 필요성이 요구된다.

2) 오행의 상생과 상극의 원리 해석과 오류

오행의 상생과 상극 원리의 성립에 대해서는 앞의 「오행의 세계」에서 이미 설명했다. 오행이 사시와 관계를 맺기 전에 이미 상승(상극) 원리를 가지고 있었고, 사시와의 관계를 통해서 오행의 상생 원리가 성립되었음을 살펴봤다. 오행의 상생 원리는 사시의 순환에 근거하고 있다. 오행이 사시와 관계를 가지게 될 때, 사시의 순환이라는 모습은 자연스럽게 오행의 순환으로 해석되게 된다. 그런데 이때의 오행의 순환이라는 상생은 사시에 의해서 펼쳐지는 모습으로 이해되고, 그래서 『춘추번로』에서 사시에서 오행의 분화가 이야기되었다. 『자평진전』에서도 이러한 해석을 전제로 하고 있다. 여기서 오행의 상극 원리를 생각해 보면, 사시에서 오행이 분화된다는 것은 이 상극의 원리도 사시의 분화에 의해서 설명되어야만 한다는 것을 의미한다. 상극의 원리가 사시의 분화로 설명되기 위해서는 사시의 순서가 오행으로 '목→화→토→금→수'의 순서가 되어야만 한다. 이러한 순서라면 사시에서 상생도 상극도 설명이 가능하게 된다. 여기서 다시 앞의 「오행의 세계」에서 언급한 사시와 오행의 관계를 보면, 이 상극의 원리를 사시에서 설명하기 위한 노력을 엿볼 수 있다. 『관자』에서는 360일을 목·화·토·금·수의 순서로 나누고 있고, 『여씨춘추』의 십이기(十二紀)에서는 계절을 목·화·금·수로 나누면서도 화(火)의 마지막 계하(季夏:6월)에 중앙(中央)이라는 토(土)

의 방위를 부여하고 무기(戊己)의 날을 설정하고 있다.[184] 계절로 볼 때 토의 계절의 설정이 어렵지만 어떻게 해서든 토를 화와 금 사이에 넣어야만 하는 상황이었다는 것을 읽을 수 있다. 『회남자』에서는 『여씨춘추』 십이기와 같은 입장을 취하면서도 계하(季夏:6월)를 토의 계절로 설명하기도 하고, 또한 각 계절의 끝 18일을 토의 날로 하는 해석도 있다. 계하를 토의 계절로 설명하는 것은 사계절을 오계절로 해석하는 모순을 범하고 있지만, 그만큼 화와 금 사이에 토를 넣어야만 하는 절박감을 느낄 수 있다. 그리고 각 계절의 끝 18일을 토의 날로 해석하는 것은, 사계절을 오계절로 해석하는 모순을 피하면서 각 계절을 아우르는 역할을 나타내어, 목·화와 금·수의 중간(중앙)이 토의 위치라는 것을 간접적으로 해석한 것이라고 할 수 있다. 이와 같이 사시와 오행의 만남은 무엇보다 오행의 상극 원리를 사시로부터 어떻게 설명하느냐가 관건이었다고 할 수 있다.

　그리고 사시와 오행의 관계에서 『관자』나 『여씨춘추』, 『회남자』 등의 상극의 원리 해석까지의 과정에 대해서는 다음과 같이 설명할 수 있다. 오행이 처음 사시를 만났을 때 가지고 있었던 원리는 추연의 오덕종시설에서 주장되고 있는 오행의 상승(상극) 이론이다. 바로 오행은 '토→목→금→화→수'의 순서로 이어진다고 하는 이론이다. 「홍범」에서 이야기하는 오행의 순서는 '수-화-목-금-토'인데, 이 오행 순서는 오행의 움직임의 순서가 아니라 단지 나열 순서

184　『여씨춘추』《季夏紀》「六月紀」: 季夏之月, … 其日丙丁. … 中央土, 其日戊己.

일 뿐이다. 그렇기 때문에 사시와의 관계 속에서 이 오덕종시설에서 주장되고 있는 오행의 순서를 설명해야만 하는 과제가 처음부터 주어져 있었다고 할 수 있다. 이러한 과제에 대한 설명이 『관자』나 『여씨춘추』, 『회남자』 등에 나타나고 있는 사시와 오행의 관계에 대한 해석이다. 그래서 해석의 방법으로는 여러 가지가 제시되었지만, '목→화→토→금→수'라는 새로운 오행의 순서를 둘러싼 각각의 설명 방법이었다고 하겠다.

오행의 상승(상극) 원리를 사시를 근거로 하여 설명한 것은, 어디까지나 사시, 즉 좀 더 근원적인 존재로부터 오행의 원리를 이해하고자 한 것이고, 이 원리를 통해서 사시를 이해하고 사시의 원리로 제시하고자 한 것은 아니라고 생각한다. 그렇기 때문에 상생이나 상극이라는 원리는 오행의 원리로서 이해해야 한다. 『춘추번로』에서 상생 원리와 상승 원리로 사회를 해석하고 있는 것도 이 원리를 오행의 원리로 이해하고 있기 때문이라고 생각한다.

그러면 이러한 오행의 원리의 입장에서 『자평진전』의 해석을 살펴보도록 하자. 『자평진전』「논음양생극」(論陰陽生剋)에 다음과 같은 말이 있다.

사계절의 운행은 서로 생(生)하고 완성(成)한다. 본래 목(木)이 화(火)를 생하고, 화(火)가 토(土)를 생하고, 토(土)가 금(金)을 생하고, 금(金)이 수(水)를 생하고, 수(水)가 다시 목(木)을 생하니, 곧 상생(相生)의 차례대로 순환하면서 번갈아 운행하여, 계절의 운행은 다하지 않는다. 그런데 생(生)이 있으면 반드시 극(剋)도 있어야 한다. 생(生)하기는 하나 극(剋)하지 않는다면 사계절 또한 완성되지 않는다. 극(剋)이란 절제하여 그것[生]을 그치게 하는 까닭이니, 그것[生]으로 하여금 수렴하게 하여, 발설하는 기틀로 삼는다. 따라서 『주역』에서 천지가 절도(節度)가 있어서 사계절이 이루어진다고 하고 있다. 이제 목(木)을 가지고 논한다면, 목은 여름에 왕성하고 가을에 시들게 된다. 살[殺:시듦]이라는 것은 외부로 발설하는 것으로 하여금 안으로 저장하고 수렴하게 하는 것이다. 이 살(殺)이 바로 생(生)을 이루는 까닭이다. 대역(大易)에서 수렴으로써 성정(性情)의 실제라고 하고, 태(兌)로써 만물이 기뻐하는 것이라 했으니 지극한 말이다. 사람의 양생(養生)에 비유한다면, 본래 먹고 마시는 것으로써 생(生)을 이루지만, 그러나 계속 먹고 마시게만 하고, 조금 배고프게 하여 장차 〈배속에 음식이〉 들어올 것을 기다리게 하지 않는다면, 사람의 수명이 어찌 오래 갈 수가 있겠는가? 그러므로 사계절의 운행에는 생(生)과 극(剋)이 작용을 한가지로 하며, 극(剋)과 생(生)이 공효(功效)를 한가지로 하는 것이다.[185]

---

185 『자평진전』「論陰陽生剋」: 四時之運, 相生而成. 故木生火, 火生土, 土生金, 金生水, 水復生木. 即相生之序, 循環迭運, 而時行不匱. 然而有生, 又必有剋. 生而不剋, 則四時亦不成矣. 剋者, 所以節而止之. 使之收斂, 以爲發洩之機. 故曰天地節而四時成. 即

사시의 운행을 오행의 상생과 상극 원리로 설명하고 있는 문장이다. 사시의 운행의 생(生)하고 완성(成)하는 작용에 오행의 상생과 상극 원리를 대응시켜 설명하고 있다. 말하자면 사시의 운행은 상생의 차례대로 순환하고, 상극에 의해서 사시가 완성된다고 하고 있다. 이러한 설명은, 사시의 운행 원리가 바로 오행의 원리라고 하는 것으로, 사시와 오행을 그 내용에 있어서 동일시하는 것이다. 사시의 운행을 이해하기 위한 설명이라면 물론 이러한 설명도 가능하다. 그렇지만 사시와 오행의 범주를 넘어서지 않는 한에서 이러한 설명이 가능하다. 말하자면 비유적으로 오행의 원리를 가지고 사시의 운행을 설명하는 것은 문제가 없지만, 사시와 오행의 내용을 동일시하는 설명이라면 그것은 범주의 오류를 범하고 있다는 것이다. 앞서의 『자평진전』「논십간십이지」의 인용문을 보면, 사시가 있게 되면 오행이 그 가운데에 갖추어진다(具)고 하고 있는데, 이것은 결국 사시에서 펼쳐치는 그 다음 단계의 모습이 된다. 그렇기 때문에 오행의 범주라고 하면 인간사회는 들어갈 수 있어도 사시는 들어갈 수가 없다. 『춘추번로』에서처럼 오행의 원리로 인간사회를 설명하는 것은 오행의 범주 안의 사실이 된다. 또한 「논음양생극」(論陰陽生剋)에서는 다음과 같은 말을 하고 있다.

以木論, 木盛於夏, 殺於秋. 殺者, 使發洩於外者, 藏收於內. 是殺, 正所以爲生. 大易以收斂爲性情之實, 以兌爲萬物所說, 至哉, 言乎. 譬如人之養生, 固以飮食爲生, 然使時時飮食, 而不使稍饑以待將來, 人壽其能久乎. 是以四時之運, 生與剋同用, 剋與生同功.

음양오행으로 읽는 세계

갑(甲)은 양목(陽木)으로 목(木)의 생기(生氣)이고, 을(乙)은 음목(陰木)으로 목(木)의 형질(形質)이다. 경(庚)은 양금(陽金)으로 가을 하늘의 쌀쌀하고 손상시키는 기운이고, 신(辛)은 음금(陰金)으로 인간 세상의 다섯 가지 금속의 바탕[質]이다. 목(木)의 생기(生氣)는 목(木)에 의탁하여 천에서 운행하기 때문에 가을 하늘의 쌀쌀하고 손상시키는 기운[庚金]을 만나면 쇠약해지고 줄어서 거의 다 없어지게 되겠지만, 쇠로 만든 칼이나 도끼(금의 형질[辛金])는 도리어 손상시킬 수가 없다. 목(木)의 형질은 〈금의 형질인〉 쇠로 만든 칼이나 도끼를 만나면 남김없이 베어지지만, 쌀쌀하고 손상시키는 가을의 기운은 단지 밖으로 잎만을 제거하고 떨어뜨릴 뿐이고 뿌리는 오히려 더욱 견고하게 된다.[186]

여기서는 오행의 상극(相剋)의 원리를 금(金)과 목(木)의 예로 설명하고 있다. 목은 갑과 을이고, 갑은 양목(陽木)이고 을은 음목(陰木)이다. 양목(陽木)은 목(木)의 생기(生氣)이고 음목(陰木)은 목(木)의 형질(形質), 즉 형체를 가진 나무라고 하고 있다. 금은 경(庚)과 신(辛)이고, 경(庚)은 양금(陽金)이고 신(辛)은 음금(陰金)이다. 양금(陽金)은 가을 하

---

186 『자평진전』「論陰陽生剋」: 甲者, 陽木也, 木之生氣也. 乙者, 陰木也, 木之形質也. 庚者, 陽金也, 秋天肅殺之氣也. 辛者, 陰金也, 人間五金之質也. 木之生氣, 寄於木而行於天. 故逢秋天肅殺之氣, 則銷剋殆盡, 而金鐵刀斧, 反不能傷. 木之形質, 遇金鐵刀斧, 則斬伐無餘, 而肅殺之氣, 只外掃落葉而根底愈固.

늘의 기운이고, 음금(陰金)은 다섯 가지 금속이라고 하고 있다. 이러한 양목·음목과 양금·음금의 관계를 통해서 상극의 원리를 설명하고 있는데, 양목과 양금 사이에서 그리고 음목과 음금 사이에서 상극의 현상이 일어남을 설명하고 있다. 그런데 이러한 설명에서 특징적인 사실은 목과 금의 구체적인 현상과 형질을 들어서 설명하고 있다는 점이다. 양목을 목의 생기(生氣)라고 하는 것도, 양금을 가을 하늘의 기운이라고 하는 사실로부터 본다면, 봄의 하늘의 현상을 설명하는 것으로 볼 수 있다. 이러한 구체적인 현상의 관계를 근거로 하여 양목과 양금 사이의 상극을 설명하고 있다. 그리고 음목과 음금 사이의 상극은 나무와 금속이라는 구체적인 재질을 들어서 설명하고 있다. 『자평진전』에서의 이러한 설명 방법은 음양과 기질(氣質) 개념으로 오행의 상극을 이해하고 해석한 것이다. 그런데 이러한 해석에서 구체적인 현상과 형질을 들어서 설명한 것은 사실상 문제가 되는 해석이다. 기질(氣質) 개념으로 오행의 상극 원리를 설명할 수는 있겠지만, 구체적인 현상과 형질을 들어 설명하게 되면 일반화의 오류를 범하게 된다. 말하자면 목과 금의 구체적인 현상과 형질의 관계에서 상극을 설명할 수 있다고 해도, 이러한 설명만으로 오행에 상극의 원리가 있다고 주장하기에는 부족하다는 것이다. 오행의 상극 원리를 음양과 기질 개념으로 설명하고자 하는 의도는 충분히 이해할 수 있지만, 여기서의 목과 금의 음양과 기질에 의한 설명은, 일반적인 원리에 대한 설명이 아니라 하나의 구체적인 사례로 볼 수밖에 없다. 예를 들면『춘추번로』에서 오행의 원리로 인간사회를 설명하고 있는데, 이것은 오행의 일반적인 원리로는 설명이 가능하지만, 여기서 말하는 목과 금의 구체적인 사례로는 설명이 불가능한 것이다.

　지금까지 오행의 상극 원리에 대한 해석과 그 문제점에 대해서 살펴봤는데, 다음은 상생 원리의 해석과 그 문제점에 대해서 살펴보고자 한다. 앞서 인용한「논음양생극」에 '사계절의 운행은 서로 생(生)하고 완성(成)한다. 본래 목(木)이 화(火)를 생하고, 화(火)가 토(土)를 생하고, 토(土)가 금(金)을 생하고, 금(金)이 수(水)를 생하고, 수(水)가 다시 목(木)을 생하니, 곧 상생(相生)의 차례대로 순환하면서 번갈아 운행하여, 계절의 운행은 다하지 않는다.'라는 말이 있었다. 이 말로부터 사시의 운행을 오행의 상생으로 설명하고 있는 것을 알 수 있다. 이러한 사실에 대해서 앞서 사시와 오행의 내용을 동일시하고 있고 그것은 범주의 오류를 범하는 것이라고 지적했다. 여기서는 조금 다른 측면에서 이것을 논해보고자 한다.

　앞에서 인용한『자평진전』의「논십간십이지」에서 사시를 사상(四象)으로 이야기하면서, 태음(太陰)과 태양(太陽), 소음(少陰)과 소양(少陽)으로 나누고 있었다. 이것은 음양의 소장(消長)을 기준으로 사시를 나눈 것이다. 사시를 음양의 소장(消長)으로 나타내면, '봄－少陽[⚎]', '여름－太陽[⚌]', '가을－少陰[⚍]', '겨울－太陰[⚏]'이 된다. 음양의 부호만을 보면 '⚏→⚌→⚎→⚍'라는 음양의 소장(消長)과 순환을 확인할 수 있다. 이러한 음양의 소장(消長)에 대해서 『회남자』 「천문훈」에서는 "하지(夏至)의 날에는 음이 양을 타게 되고, 그래서 만물이 그 음을 따라서 죽음으로 향한다. 동지(冬至)의 날에는 양이 음을 타게 되고, 그래서 만물이 그 양에 의지하여 생을 향한다."[187] 라는 설명을 하고 있다. 여기서 음이 양을 타는 것은 '가을-少陰 [==]'을 말하고, '=='라는 부호에서 음이 양을 타고 있는 것을 볼 수 있다. 그리고 양이 음을 타는 것은 '봄-少陽[==]'이고, 부호(==)는 양이 음을 타고 있다. 또 「천문훈」에서는 이러한 음양의 소장(消長)을 "양기는 자(子)에서 생하고, 음기는 오(午)에서 생한다."[188]라고 표현 하고도 있다. 『자평진전』에서도 이와 같은 의미의 음양 소장(消長)으 로 사시를 설명한 것이 된다. 그런데 『자평진전』에서는 이러한 사시 를 또 오행의 상생으로도 설명하고 있는 것이다. 오행은 원래 음양 의 소장(消長)으로 설명할 수 있는 성질의 것이 아니다. 또한 오행의 원리를 사시를 근거로 설명은 하고 있지만 음양의 소장(消長)에 의한 설명은 무리가 있을 수밖에 없다. 앞에서 인용한 『자평진전』의 「논 십간십이지」에서 '수(水)는 태음이고, 화(火)는 태양이며, 목(木)은 소 양이고, 금(金)은 소음이다.'고 하고는 있지만, 이것은 사시에 오행이 갖추어진다고 하는 측면에서 설명한 것이고, 또한 토(土)의 경우에는

---

187 『회남자』「천문훈」: 夏日至則陰乘陽, 是以萬物就而死. 冬日至則陽乘陰, 是以萬物仰而生.

188 『회남자』「천문훈」: 故曰, 陽生於子, 陰生於午.

이러한 설명을 하지 못하고 있다. 사시의 음양의 소장(消長)은 네 가지 모습으로 순환하는 것이고, 그렇기 때문에 오행은 처음부터 음양의 소장(消長)으로 설명하는 것은 무리가 있었다고 할 수 있다.

오행은 십간으로 분화된다. 그래서 오행에는 음과 양의 모습이 있게 된다. 오행의 원리는 '양기는 자(子)에서 생하고, 음기는 오(午)에서 생한다'는 이론과는 무관하다. 그런데도 이러한 오행의 모습으로 사시를 보게 되면 사시에 나타나는 음양의 소장(消長)의 모습이 가려지게 된다. 따라서 『자평진전』에서 사시를 오행의 상생으로 설명하는 것은, 오행의 원리를 무시하고, 오행과 사시의 범주를 무시한 해석이라고 할 수 있다. 이러한 해석의 오류는 오행의 원리에 빠져서 오행의 원리를 일반화시킨 결과라고 할 수 있다.

　10년 정도 전부터 명리학을 공부하는 사람들에게 한대의 사상을
중심으로 중국사상을 강의했다. 그때 처음으로 명리학이 음양과 오
행을 근거로 하고 있는 것을 알았다. 전공과 관련이 있어서 관심을
가지고 명리학의 원전들을 살펴보고, 『자평진전』을 번역하여 출판하
기도 했다. 『자평진전』을 번역한 책은 사정상 지금은 판매가 되지 않
고 있다. 그때 『자평진전』을 번역하고, 『자평진전』이나 『적천수천미』
의 원전을 강의하면서 음양과 오행의 관계를 연구하여 정확한 의미
를 밝힐 필요성을 느끼게 되었다. 사실은 한대의 사상을 밝히기 위
해서라도 음양과 오행에 대한 연구가 필요했기에 더욱 그 필요성을
느끼게 되었다. 그래서 이번에 지금까지의 연구에 새로운 연구 내용
을 보태어 출판하게 되었다. 음양과 오행에 관한 전체적인 윤곽을
밝히는 연구이지만, 언젠가는 출판해야지 하는 부담감을 덜게 되어
마음이 한결 가볍다. 부분적으로 더 자세한 연구가 필요한 부분에
대해서는 다음의 연구로 하여 출판을 기대하고 있다.

이번의 작업을 통하여 명리학의 고전인『자평진전』에도 많은 문제점이 있다는 것을 알 수 있었다. 중국사상으로서의 음양과 오행의 의미에서 보면,『자평진전』의 문제가 되는 해석은 원래의 의미를 정확하게 이해하지 못하고 자의적으로 해석한 결과라고 볼 수 있다. 현재『자평진전』을 통해서 명리학을 이해하고, 음양과 오행의 의미를 이해하는 사람도 상당히 있을 것이다. 이러한 사람들은『자평진전』의 해석에 다시 자의적인 해석을 덧붙여 이해할 수 있다. 이러한 『자평진전』의 영향력을 생각하면, 음양과 오행의 의미를 정확히 밝히고 알리는 것은 시급한 문제라고 할 수 있다. 이 책을 통해서 음양과 오행의 의미의 역사적인 해석과 그 변천 과정을 볼 수는 있지만, 음양과 오행의 자의적인 해석에 대해서 자세하게 밝히고 있는 것은 아니다. 그래서 다음 작업으로『자평진전』의 번역을 새로이 하면서, 자의적인 해석 등의 문제점을 하나하나 지적하고, 그것을 음양과 오행의 원래의 의미에서 살펴보고자 한다. 명리학이 음양과 오행을 기반으로 성립되고 있다면, 음양과 오행의 정확한 의미를 이해하고, 지금까지의 명리학 서적을 비판적으로 볼 수 있어야만 하는 것이다. 이러한 명리학에 대한 자세가 앞으로 요구되는데,『자평진전』의 새로운 번역이 이러한 요구에 도움을 줄 수 있으리라 생각한다.

음양과 오행으로 천을 해석하는 것에 대해서, 그것도 한대의 해석에 대해서 지금까지 너무나 저평가되고 있는데, 지금부터는 새로운 시각으로 봐야만 한다고 생각한다. 연월일(年月日)이라는 지상세계의 시간의 흐름을 천상세계에 근거하여 경험적으로 해석했다는 것은, 천지의 관계를 경험적으로 설명한 것이고, 천이 학문의 영역에 들어왔다는 것을 의미한다. 이렇게 해서 중국에서는 한대부터 천을 학문의 영역에서 논할 수 있게 되고, 이러한 측면이 중국사상의 특징이 되었다. 그렇지만 이러한 한대적 학문 경향이 중국에서 과학의 발달을 늦춘 이유 중의 하나인 것도 사실이다. 얼마 전까지만 해도 천의 테두리를 벗어나지 못한 학문의 분위기는 한대에 만들어진 것이다. 이 책을 계기로 한대의 사상에 대한 평가가 바뀌기를 기대해 본다.

음양오행으로 읽는 세계